非課税規定からみる公益法人等の税務

OAG 税理士法人
樽林 一典・荻野 美里
東海林 美智子・青柳 裕子
共著

税務研究会出版局

はしがき

公益法人には、税制上、様々な優遇措置が設けられています。

税制上の優遇措置には、公益法人自体に対する優遇と公益法人に財産を寄附した人に対する優遇とがあります。これらの具体的な内容は本書に記載しておりますので、そちらをご確認頂くとして、そもそもなぜ公益法人には税制上の優遇があるのでしょうか。

公益社団法人及び公益財団法人の認定等に関する法律には、「公益法人が行う公益目的事業に係る活動が果たす役割の重要性にかんがみ、当該活動を促進しつつ適正な課税の確保を図るため、公益法人並びにこれに対する寄附を行う個人及び法人に関する……課税についての必要な措置その他所要の税制上の措置を講ずる」（認定法58）とあります。

これは公益社団法人等に関する規定ですが、学校法人や宗教法人など特別法に基づいて設立される公益法人に税制上の優遇措置があるのも、上記と同様の理由によるものだと思われます。

つまり、このような優遇措置は、「公益法人が行う公益目的事業に係る活動が果たす役割の重要性にかんがみ」、「当該活動を促進」するためにあるということになります。

また、もう一つの理由としては、公益法人には株主がいない（持分がない）ため、構造上、これらの法人が獲得した利益が特定の個人に帰属しないということもあると思われます。

しかし、公益法人に対して税制上の優遇措置が設けられている理由を上記のような整理をもとに断言するには難しい面もあります。例えば、一般企業が行う事業にも公益的な活動はありますが、その事業が公益的だからといって、これを所得計算から除外するような制度にはなっていません。また、一般社団法人等には株主がいませんが、普通法人と同様に法人税が課されます。

OAG税理士法人では、10年以上前から公益法人プロジェクトチームを立ち上げ、公益法人に対する様々なサービスを提供してきました。本書に記載の通り、各種の税制上の優遇措置の適用を受けるためには、クリアすべき多くの要件があります。とりわけ業務を行うに当たっては、これらの要件が実質的に充足されているかどうかが重要なポイントとなることを経験してきました。

本書は、公益法人プロジェクトチームの有志メンバーが、公益法人関係者、税理士、公認会計士及びコンサルタントの方々に利用されることを目的として執筆したものです。これらの方々が実務に携わる上での一助になれば幸いです。

最後になりましたが、税務研究会出版局の桑原妙枝子氏及び月刊「税務QA」元編集長の冨木敦氏には、執筆メンバーの拙い原稿を根気よく整理して頂くとともに、体裁や内容に至るまで適切なアドバイスを頂きました。両氏のご尽力がなければ、本書は刊行に行きつくことができませんでした。ここに厚く御礼を申し上げます。

令和5年1月

著者を代表して　税理士　**榑林 一典**

目　次

第５章　公益法人等と所得税

第６章　公益法人等と贈与税・相続税

第７章　措置法第 40 条、第 70 条の取扱い

第 8 章　公益法人等の合併

第 9 章　公益法人等を舞台とした裁決と判例

【用語の定義】

① 一般社団法人	一般社団法人のうち、③以外のもの
② 一般財団法人	一般財団法人のうち、④以外のもの
③ 公益社団法人	一般社団法人のうち、公益認定を受けたもの
④ 公益財団法人	一般財団法人のうち、公益認定を受けたもの
⑤ 社団法人	①と③を併せた総称
⑥ 財団法人	②と④を併せた総称
⑦ 一般社団法人等	①と②を併せた総称で⑧以外のもの
⑧ 非営利型法人	①と②を併せた総称で⑩に該当するもの
⑨ 公益社団法人等	③と④を併せた総称
⑩ 公益法人等	法人税法別表第二に掲げる法人をいい、非営利型法人である一般社団法人等を含む

【略称】

一般法人法	一般社団法人及び一般財団法人に関する法律
認定法	公益社団法人及び公益財団法人の認定等に関する法律
整備法	一般社団法人及び一般財団法人に関する法律及び公益社団法人及び公益財団法人の認定等に関する法律の施行に伴う関係法律の整備等に関する法律
公益法人制度改革３法	一般法人法、認定法及び整備法の総称
法法	法人税法
法令	法人税法施行令
法規	法人税法施行規則
法基通	法人税基本通達
所法	所得税法
所令	所得税法施行令
所基通	所得税基本通達
相法	相続税法
相令	相続税法施行令
措法	租税特別措置法
措令	租税特別措置法施行令
措規	租税特別措置法施行規則
措通	租税特別措置法関係通達

〈使用例〉　法法24③十二イ……法人税法第24条第3項第12号イ

本書は、令和５年１月31日現在の法令・通達等に基づいております。

第１章

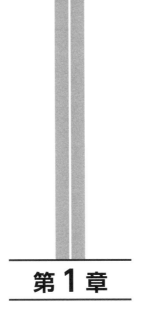

一般社団法人・一般財団法人の概要

1-1 一般社団法人・一般財団法人制度とは

Q　一般社団法人・一般財団法人制度とは、どのような制度でしょうか。

A　一般社団法人・一般財団法人制度とは、剰余金の分配を目的としない限り、登記により容易に一般社団法人等として法人格を取得し設立することができるとするものです。

日本における公益法人制度は、明治31年に施行された旧民法が始まりです。しかしこの制度は、次第に世の中の多様なニーズに対応することができなくなり、平成18年に抜本的な改革が行われ、平成20年に新たな公益法人制度が施行されることとなりました。

解説

1 制度の変遷

日本における初めての公益法人制度では、明治31年に施行された旧民法に基づき、主務官庁により公益性を認められたものだけが設立を許可され、公益社団法人等としての法人格を取得することができました。

しかし、この公益性については、判断基準が不透明で主務官庁の裁量に委ねられることから、公益性を自由に判断できてしまう面もあり、公平性に欠けるなどの問題がありました。

世の中の課題解決や多様なサービスの提供、そして新たな社会づくりにおいて重要な役割を担うことを期待されていた公益社団法人等にとって、この法人格の取得と公益性の判断が一体となった許可制という仕組みは、そもそも設立を躊躇してしまったり、不透明な基準により設立許可が得られなかったりするなど、大きな問題となっていました。

2 公益法人制度改革３法の制定

このような様々な問題の露見により、100年以上も前の明治時代に施行された公益法人制度では今日の社会情勢の変化や現代の多様なニーズに対応することが難しくなり、平成20年12月に新しい公益法人制度が施行されました。

新しい公益法人制度は、「一般社団法人及び一般財団法人に関する法律」（以下「一般法人法」という。）、「公益社団法人及び公益財団法人の認定等に関する法律」（以下「認定法」という。）、そして「一般社団法人及び一般財団法人に関する法律及び公益社団法人及び公益財団法人の認定等に関する法律の施行に伴う関係法律の整備等に関する法律」（以下「整備法」という。）の３つを柱とするものです。

この公益法人制度改革３法の制定により、一般社団法人等は登記のみで容易に設立することができ、自由な事業活動を行うことができるようになりました。

【公益法人制度の変遷】

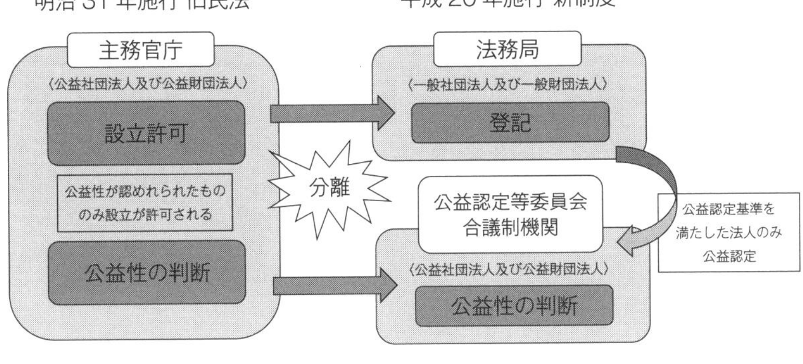

また、公益性の判断については、民間有識者から構成される公益認定等委員会や、都道府県の合議制機関の行政庁が公益認定基準に基づき判断することにより、明確な基準が設けられ、公平性が担保されることとなりました。

1-2 一般社団法人の概要

Q 一般社団法人の概要を教えてください。

A 一定の目的を持った人の集まりを社団といいます。法人格が付された社団を一般社団法人といいます。

解 説

1 設立時の拠出金

一般社団法人には、設立時に設立者より拠出する財産の額に定めはありません。

2 社団の機関設計と人員構成

一般社団法人には、社員2名以上、理事1名以上及び社員総会の設置が必須となります（一般法人法60①）。また、理事会、監事、会計監査人は、各社団の任意により設置することができますが、その際には定款において定めが必要です（一般法人法60②）。

ただし、貸借対照表の負債総額が200億円以上の一般社団法人（以下「大規模一般社団法人」という。）は、会計監査人を置かなければなりません（一般法人法62）。

なお、会計監査人又は理事会を置く場合には、監事を置く必要があります（一般法人法61）。

上記の機関設計と人員構成のパターンを表で示すと、次の５通りとなります。

【一般社団法人の機関設計と人員構成パターン】

機関・人員／パターン	社員	社員総会	理事	理事会	監事	会計監査人
1	○ ２名以上	○	○ １名以上			
2	○ ２名以上	○	○ １名以上		○	
3	○ ２名以上	○	○ ３名以上	○	○	
4	○ ２名以上	○	○ １名以上		○	○
5	○ ２名以上	○	○ ３名以上	○	○	○

負債200億円以上の大規模一般社団法人は設置が義務

公益社団法人の場合は、会計監査人設置の判断基準額が変わりますので、後述する「**2-3**　公益認定の基準」の「**3**　機関に関するもの **(3)** 会計監査人の設置」(33頁) を参照してください。

3　社員及び社員総会とは

(1) 社員とは

社員とは、一般社団法人の構成員で、法に規定する事項及び一般社団法人の組織、運営、管理その他一般社団法人に関する一切の事項に関する事項を決議する「社員総会」に出席し、議決権を行使できる者をいいます。会社の従業員として一般に使用している「社員」とは異なります。

この社員には法人がなることもできますが、支店や支部、営業所は単独で社員になることはできません。

(2) 社員総会とは

社員総会とは、一般社団法人の構成員である社員からなる最高議決機関です。社団の運営は社員の総意によって決定されるべきとされており、社員総会は全社員から構成される会議体です。

理事会を設置しない一般社団法人の場合は、一般法人法に規定する事項のほか、一般社団法人の組織、運営、管理その他一般社団法人に関する一切の事項について社員総会で決議をすることができます（一般法人法35①）。

一方で、理事会を設置する一般社団法人の場合には、一般法人法に規定する事項及び定款に定めた事項のみ社員総会にて決議をすることができ（一般法人法35②）、業務執行に関する意思決定は理事会にて行います。

社員総会は、原則として、全社員を集め決議を行わなければならないため、社員数が多く決議事項が多岐にわたる場合には多くの時間を費やすことが予想されますが、理事会を設置する一般社団法人では、社員総会で決議できる事項を限定し、理事会と社員総会の役割を分けることにより、社団運営をより円滑で迅速に進めることが可能です。

4 理事及び理事会とは

(1) 理事とは

理事は、理事会の構成員として、一般社団法人の業務上の意思決定に参画し、代表理事等の業務執行を監視する役割を担っています。1名以上の設置が必要であり、理事会を設ける場合には3名以上が必要です。

それぞれの理事は、善管注意義務のほか、定款や一般法等の法令を遵守して忠実に職務を行う責務忠実義務、就業及び利益相反取引の制限、評議員会における説明義務、監事に対する報告義務等が課せられており、義務違反等の場合には、法人及び第三者に対する損害賠償責任や刑事罰を負うことがあります。

(2) 理事会とは

理事会は、理事３名以上で構成され、業務執行上の意思決定を行い、理事の業務執行を監督する役割を担っています。また、代表理事の選定・解職権限も持っており、代表理事の職務上の義務違反や職務怠慢においては、この解職権限を適切に行使することも理事会の重要な責務になります。

5 監事とは

監事の職務は、理事の職務執行を監査することであり、一般社団法人の事業活動が適正でかつ永続的に運営が行われるための重要な役割を担っています。この監査の対象となるものは、「業務監査」と「会計監査」の２つです。

このうち「業務監査」とは、理事会の決議や理事の業務執行に関する意思決定の過程、実際の職務執行状況に関して定款や一般法等の法令違反がないか、忠実に職務を行っているかの監査を行うことです。

一方、「会計監査」とは、作成される会計帳簿に記載漏れや不実の記載がないか、会計帳簿より作成される計算書類及び附属明細書が法令に従い正しく作成されているか、会計帳簿に財産の状況が正しく記載されているか等に関する監査を行うことです。

1-3 一般財団法人の概要

Q 一般財団法人の概要を教えてください。

A 一般財団法人とは、一定の目的を達成するために拠出された財産の集まりで、財産自体に法人格が付された法人をいいます。

個人や企業から拠出された財産をもって登記により設立し、当該財産を元手に資産運用を行い、その運用益を事業資源として財団運営を行います。

解説

1 設立時拠出金

一般財団法人は、設立時に設立者より300万円以上の財産の拠出が必要です（一般法人法153①五、153②）。

2 財団の機関設計と人員構成

一般財団法人には、理事3名以上、監事1名以上、評議員3名以上、理事会及び評議員会の設置が必須となります（一般法人法160①、170①）。

また、貸借対照表の負債総額が200億円以上の一般財団法人（以下「大規模一般財団法人」という。）は、会計監査人を置かなければなりません（一般法人法171）。

なお、一般社団法人とは異なり負債総額が200億円未満であっても、定款の定めによって会計監査人を置くことも可能です（一般法人法 170 ②）。

上記の機関設計と人員構成のパターンを表で示すと、次の２通りとなります。

【一般財団法人の機関設計と人員構成パターン】

機関・人員／パターン	理事	監事	評議員	理事会	評議員会	会計監査人
1	○ ３名以上	○ １名以上	○ ３名以上	○	○	
2	○ ３名以上	○ １名以上	○ ３名以上	○	○	○

負債 200 億円以上の大規模一般財団法人は設置が義務

公益財団法人の場合は、会計監査人設置の判断基準額が変わりますので、後述する「**2-3**　公益認定の基準」の「**3**　機関に関するもの **(3)** 会計監査人の設置」（33 頁）を参照してください。

3　理事及び理事会とは

(1) 理事とは

理事は、理事会の構成員として、一般財団法人の業務上の意思決定に参画し、代表理事等の業務執行を監視する役割を担っています。

それぞれの理事は、善管注意義務のほか、定款や一般法等の法令を遵守して忠実に職務を行う責務忠実義務、就業及び利益相反取引の制限、評議員会における説明義務、監事に対する報告義務等が課せられており、義務違反等の場合には、法人及び第三者に対する損害賠償責任や刑事罰を負うことがあります。

(2) 理事会とは

理事会は、理事３名以上で構成され、業務執行上の意思決定を行い、理事の業務執行を監督する役割を担っています。また、代表理事の選定・解職権限も持っており、代表理事の職務上の義務違反や職務怠慢においては、この解職権限を適切に行使することも理事会の重要な責務になります。

4 監事とは

監事の職務は、理事の職務執行を監査することであり、一般財団法人の事業活動が適正でかつ永続的に運営が行われるための重要な役割を担っています。この監査の対象となるものは、「業務監査」と「会計監査」の２つです。

このうち「業務監査」とは、理事会の決議や理事の業務執行に関する意思決定の過程、実際の職務執行状況に関して定款や一般法等の法令違反がないか、忠実に職務を行っているかの監査を行うことです。

一方、「会計監査」とは、作成される会計帳簿に記載漏れや不実の記載がないか、会計帳簿より作成される計算書類及び附属明細書が法令に従い正しく作成されているか、会計帳簿に財産の状況が正しく記載されているか等に関する監査を行うことです。

5 評議員及び評議員会とは

(1) 評議員とは

評議員は、一般財団法人の最高決議機関である評議員会の構成員をいい、評議員会の招集請求、評議員提案権、理事・監事・評議員の解任を訴える権限を持っています。

理事と同様に善管注意義務を負っており、義務違反等の場合には法人及び第三者に対する損害賠償責任や刑事罰を負うことがあります。

(2) 評議員会とは

評議員会は、一般財団法人の基本的な業務執行体制や業務運営の基本事項について意思決定をする最高議決機関であり、評議員が３名以上集まって構成します。

評議員会は、理事、監事、評議員及び会計監査人の選任・解任、定款の変更、計算書類の承認などの財団の運営に影響がある事項について決議する権限を持ち、財団運営が法令や定款に基づき適正に行われているかを監視する役割を担っています。理事や監事の職務上の義務違反や職務怠慢においては、解任権限を適切に行使することも評議員会の重要な責務になります。

1-4 一般社団法人・一般財団法人と普通法人の違い

Q　一般社団法人・一般財団法人と普通法人の違いは何ですか。

A　一般社団法人・一般財団法人と普通法人を比較すると、登記により誰でも簡単に設立できる点及び事業内容に制限がない点は一緒ですが、財産の拠出額、持分の有無、剰余金の分配に各法人の特徴が特に表れています。

解説

1 財産の拠出額

1-2 及び **1-3** でご説明した通り、一般社団法人は設立時の財産の拠出はありませんが、一般財団法人は、設立者による300万円以上の財産の拠出が必要となります。

一方で、株式会社は資本金１円から設立をすることができます。

2 持分の有無

このように、一般社団法人は設立時に財産の拠出をすることなく設立ができます。

しかし、事業を行うには資金が必要になりますので、構成員である社員の負担、又は基金制度を設けて活動に賛同してくれる社員や第三者から資金を募ることになります。資金を出資してもらったとしても、その出資者には出資の持分は認められていません。一般財団法人も同様に、出資者の持分はありません。

それに対し、普通法人は、出資をすると株主になり、株主はその出資割合に応じて持分が認められています。

これが、一般社団法人・一般財団法人と普通法人の最大の違いになります。

3 剰余金の分配

一般社団法人・一般財団法人は、上記**2**に記載の通り、出資者に対して出資の持分が認められておらず、所有する財産が構成員である社員や出資者の所有に属するわけでもありませんので、事業活動で得た利益を分配することはできません。

これに対して、普通法人は株主へ分配可能額の範囲内で自由に分配が可能です。

上記の項目について各法人で比較すると、次の表の通りになります。

【各法人との相違点の比較】

項目＼法人の区分	一般社団法人	一般財団法人	普通法人
設立	登記により設立		
財産の拠出	不要	300 万円以上	1 円以上（資本金）
事業内容	制限なし		
持分	なし	なし	あり
剰余金の分配	不可	不可	可能

1-5 非営利型法人の概要

Q 非営利型法人の概要を教えてください。

A 非営利型法人とは、一般社団法人・一般財団法人のうち、収益事業から生じた所得のみに法人税が課される法人をいいます。

解説

1 法人税法上の区分

一般社団法人・一般財団法人は、「非営利型法人」と「非営利型法人以外の法人」に区分されます。

非営利型法人は法人税法上の「公益法人等」に、非営利型法人以外の法人は法人税法上の「普通法人」にそれぞれ該当します。

2 課税の範囲

法人税が課される範囲も、この法人税法上の区分によって分かれます。

非営利型法人は法人税法上の公益法人等として、収益事業から生じた所得にのみ課税されます。

一方、非営利型法人以外の法人は法人税法上の普通法人となるため、株式会社などと同様に、すべての所得に対して法人税が課されます。

上記の区分と課税範囲を図表にまとめると、次の通りとなります。

【課税の範囲】

法人の区分／事業の種類	公益法人等	普通法人	
	非営利型法人	非営利型法人以外の法人	—
	一般社団法人・一般財団法人		株式会社
収益事業	○	○	○
収益事業以外の事業	×	○	○

3　非営利型法人の要件

非営利型法人には、非営利徹底型法人と共益型法人の２つがあります（58頁以降参照）。

非営利徹底型法人は、事業により利益を得ること又は得た利益を分配することを目的としない法人で、その事業を運営するための組織が適正であるものとして政令で定めるものをいいます（法法２九の二イ）。

共益型法人は、会員から受け入れる会費により当該会員に共通する利益を図るための事業を行う法人で、事業を運営するための組織が適正であるものとして政令で定めるものをいいます（法法２九の二ロ）。

それぞれに定められたすべての要件を満たす必要があり、その要件をまとめると次の通りとなります（法令３①②）。

【非営利型法人の要件】

非営利徹底型法人（法令３①）	
①	剰余金の分配を行わない旨を定款に定めていること
②	解散時に残余財産を国や地方公共団体、公益的な財団に贈与する旨を定款に定めていること
③	上記①、②の定款の定めに違反する行為を行うことを決定し、又は行ったことがないこと
④	理事とその理事の親族等である理事の合計数が、理事の総数の３分の１以下であること

共益型法人（法令3②）	
①	会員に共通する利益を図る活動を行うことを目的としていること
②	会員の定めを定款にしていること
③	主たる事業として収益事業を行っていないこと
④	特定の個人又は団体に剰余金の分配を行う旨を定款に定めていないこと
⑤	解散時に残余財産を特定の個人又は団体に帰属させる旨を定款に定めていないこと
⑥	上記①～⑤まで及び⑦の要件に該当していた期間について、特定の個人又は団体に特別の利益を与えることを決定し、又は与えられたことがないこと
⑦	理事とその理事の親族等である理事の合計数が、理事の総数の1/3以下であること

【法人税法上の区分イメージ】

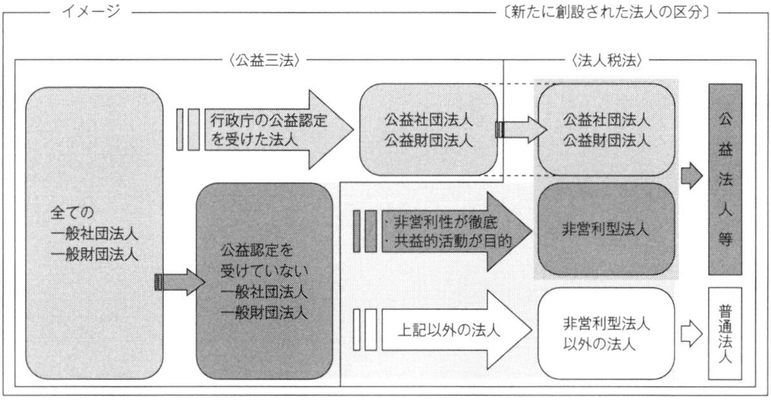

出典：国税庁ホームページ
　　「新たな公益法人関係税制の手引（平成24年9月）」より

第2章

公益認定制度の概要

2-1 公益認定制度とは

Q 公益認定制度とは、どのようなものですか。

A 公益認定制度とは、公益目的事業を行っている一般社団法人及び一般財団法人が認定法に規定する手続により行政庁へ公益認定を申請し、公益認定を受けることにより、公益社団法人等となる制度です。

解説

1 旧民法との比較

旧民法第34条では、公益法人の設立と公益性の判断の両方を主務官庁が実施していました。つまり、主務官庁の自由裁量に委ねられていたことになります。

しかし、社会の変容に伴い、民間の非営利団体の活動の重要性が増していることから、法人の設立と公益性の判断を分離し、公益性の有無を問わず、準則主義により簡単に民間の非営利法人を設立することができるようになりました。そして、公益性の判断は行政庁が行うこととなりました。

2 公益認定を受けることのメリット・デメリット

法人の設立と公益性の判断が分離されたことに伴い、公益認定を受け、公益社団法人等になるか否かは法人が自由に決めることができます。

まずは、公益認定を受けることのメリット・デメリットをご紹介します。

【公益認定のメリット】

メリット①：社会的信用がある

公益社団法人等の名称は、行政庁からの公益認定を受けることによって使用することができます。認定法第９条は、公益社団法人等でない者がその名称又は商号中に、公益社団法人等であると誤認されるおそれのある文字を使用することを禁じており、公益社団法人等の名称は社会的信用があることが示されています。

メリット②：税制優遇

公益社団法人等の活動を支援する観点から、税制上の優遇措置が設けられています。法人税では、収益事業についてのみ課税され（法法6、法令5②一）、収益事業から公益目的事業のために支出した金額は公益目的事業への寄附金とみなして損金算入することができ（法法37⑤）、また、公益法人が受ける一定の利子等に係る源泉所得税は非課税になります（所法11①）。

公益社団法人等だけでなく、公益社団法人等へ寄附した個人や法人についても税制上の優遇措置があります。個人の場合、特定公益増進法人等に対する寄附については寄附金控除が適用でき（所法78）、また、行政庁から「運営組織及び事業活動が適正であること」及び「市民から支援を受けていること」につき一定の要件を満たしていることの証明を受けた公益社団法人等への寄附は、税額控除の適用を受けることができます（措法41の18の3）。法人の場合、公益社団法人等は特定公益増進法人に該当するため（法令77三）、公益社団法人等に対する公益目的事業に関連する寄附は、一般寄附金より損金算入限度額の枠が大きくなります（法法37④）。このように、寄附した個人や法人にも税制上の優遇措置を設け、寄附を集めやすくしています。

【公益認定のデメリット】

デメリット①：事業活動内容の制限

公益認定を受けるためには認定法に定める公益認定の認定基準をすべて満たす必要があります。認定基準は全部で18あり、形式的な基準だけでなく、実質的な基準もあります。この認定基準は、公益認定を受けるときだけでなく、認定後においても遵守する必要があります。

例えば、事業内容として公益目的事業を行うことを主たる目的としなければならず、法人全体の費用の50%以上を公益目的事業の費用とする必要があります（認定法５八）。一般社団法人及び一般財団法人の場合は、このような制約がないため、事業設計を自由に行うことができます。

デメリット②：行政庁の指導監督

公益社団法人等の事業の適正な運営を確保するために、公益社団法人等は行政庁に運営組織及び事業活動の状況に関する定期提出書類を毎事業年度提出する必要があります（認定法22）。また、概ね３年毎に立入検査が実施されます。

【公益社団法人等のメリット・デメリット】

メリット	デメリット
社会的信用	事業活動内容の制限
税制優遇※	行政庁の指導監督

※　非営利型法人も一部優遇措置を適用でき、法人税は収益事業のみ課税されます。

3　公益社団法人等を管轄する行政庁

公益社団法人等を管轄する行政庁は国と都道府県で分けられており、国においては内閣総理大臣（内閣府）、都道府県においては知事となります。各所轄の分担は以下の通りです（認定法３）。

(1) 内閣総理大臣

① 2以上の都道府県の区域内に事務所を設置するもの

② 公益目的事業を2以上の都道府県の区域内において行う旨を定款で定めるもの

③ 国の事務又は事業と密接な関連を有する公益目的事業であって政令で定めるものを行うもの

(2) その事務所が所在する都道府県の知事

上記(1)以外の公益社団法人等を管轄します。

なお、事務所が所在する都道府県の住民だけでなく、他県の住民も購入することができる物品頒布事業や他県の住民も来場することができる展示事業など、サービスを受けることができる人が全国にいるものの、法人自らが県を越えて事業を実施しない場合は、2以上の都道府県には該当しないため、内閣総理大臣（内閣府）ではなく、各都道府県の知事の管轄になります。

2-2 公益に資する活動とは

Q 公益に資する活動とは、どのようなものですか。

A 公益に資する活動とは、公益目的事業として次の２つの要件を満たす活動のことです。

① 学術、技芸、慈善その他の公益に関する別表各号に掲げる種類の事業であること。

② 不特定かつ多数の者の利益の増進に寄与するものであること。

解説

1 公益目的事業の定義

認定法第２条第４号において、公益目的事業を定義し、次の２つの要件を示しています。

① 学術、技芸、慈善その他の公益に関する別表各号に掲げる種類の事業であること。

② 不特定かつ多数の者の利益の増進に寄与するものであること。

以下、これらの要件について具体的に見ていきます。

2 「学術、技芸、慈善その他の公益に関する別表各号に掲げる種類の事業であること」とは

認定法の別表には、23の公益目的事業の業種が列挙されています。

「世のため人のためになる業種」は網羅されているため、一般的に公益性が高いと考えられる事業はこれらのいずれかに該当すると考えられます。

【認定法別表（第二条関係）】

一　学術及び科学技術の振興を目的とする事業
二　文化及び芸術の振興を目的とする事業
三　障害者若しくは生活困窮者又は事故、災害若しくは犯罪による被害者の支援を目的とする事業
四　高齢者の福祉の増進を目的とする事業
五　勤労意欲のある者に対する就労の支援を目的とする事業
六　公衆衛生の向上を目的とする事業
七　児童又は青少年の健全な育成を目的とする事業
八　勤労者の福祉の向上を目的とする事業
九　教育、スポーツ等を通じて国民の心身の健全な発達に寄与し、又は豊かな人間性を涵養することを目的とする事業
十　犯罪の防止又は治安の維持を目的とする事業
十一　事故又は災害の防止を目的とする事業
十二　人種、性別その他の事由による不当な差別又は偏見の防止及び根絶を目的とする事業
十三　思想及び良心の自由、信教の自由又は表現の自由の尊重又は擁護を目的とする事業
十四　男女共同参画社会の形成その他のより良い社会の形成の推進を目的とする事業
十五　国際相互理解の促進及び開発途上にある海外の地域に対する経済協力を目的とする事業
十六　地球環境の保全又は自然環境の保護及び整備を目的とする事業
十七　国土の利用、整備又は保全を目的とする事業
十八　国政の健全な運営の確保に資することを目的とする事業
十九　地域社会の健全な発展を目的とする事業
二十　公正かつ自由な経済活動の機会の確保及び促進並びにその活性化による国民生活の安定向上を目的とする事業
二十一　国民生活に不可欠な物資、エネルギー等の安定供給の確保を目的とする事業
二十二　一般消費者の利益の擁護又は増進を目的とする事業
二十三　前各号に掲げるもののほか、公益に関する事業として政令で定めるもの

3 「不特定かつ多数の者の利益の増進に寄与するものであること」とは

不特定かつ多数の者の利益の増進に寄与することの判断は難しいため、内閣府公益認定等委員会が指標となる項目を公表しています。

具体的には、「公益認定等に関する運用について（公益認定等ガイドライン）」にある事業区分ごとの公益目的事業のチェックポイントにより、不特定かつ多数の者の利益の増進に寄与する事実があるかどうかを判断することになります。

公益目的事業のチェックポイントは、事業の特性に応じ、次の17の事業区分ごとにチェックポイントを掲げています。

【事業区分】

1	検査検定	10	博物館等の展示
2	資格付与	11	施設の貸与
3	講座、セミナー、育成	12	資金貸付、債務保証等
4	体験活動等	13	助成（応募型）
5	相談、助言	14	表彰、コンクール
6	調査、資料収集	15	競技会
7	技術開発、研究開発	16	自主公演
8	キャンペーン、○○月間	17	主催公演
9	展示会、○○ショー		

なお、17の事業区分のいずれにも該当しない事業については、①事業目的、②事業の合目的性を確認します。①事業の目的は不特定多数でない者の利益の増進への寄与を主たる目的に掲げていないかを確認するためであり、②事業の合目的性は事業の内容や手段が事業目的を実現するのに適切なものになっているかを確認するためです。

このうち、②事業の合目的性については公益認定等ガイドラインにて例示として４つのチェックポイントを掲げています。

イ　受益の機会の公開（例：受益の機会が、一般に開かれているか）

ロ　事業の質を確保するための方策（例：専門家が適切に関与しているか）

ハ　審査・選考の公正性の確保（例：当該事業が審査・選考を伴う場合、審査・選考が公正に行われることとなっているか）

ニ　その他（例：公益目的として設定した事業目的と異なり、業界団体の販売促進、共同宣伝になっていないか）

4　公益目的事業か否かを判断する機関

法人が行う事業が公益目的事業か否かを判断する機関は、法人を所轄する行政庁によって異なります。所轄が内閣府の場合は、内閣府に７人の有識者をもって組織される公益認定等委員会が、所轄が都道府県の場合は、民間有識者から成る合議制の機関が審議して判断を行います。

なお、公益目的事業か否かは、判断する機関によって審査基準に相違がないように、また、重大な方針の食い違いや不均衡が生じることのないよう、国と都道府県の間で相互に緊密な連携を図ることとしています（国・都道府県公式公益法人行政総合情報サイト　よくあるご質問（FAQ）（以下「FAQ」という。）問Ⅰ－９－④）。

2-3 公益認定の基準

Q 公益認定の基準は、どのようなものですか。

A 公益認定の基準とは、一般社団法人及び一般財団法人が公益認定を受けるために満たすべき基準で、認定法第5条各号において定めているものです。事業の性質や内容に関するもの、財務に関するもの、機関に関するもの、財産に関するものがあります。

解説

ここでは、認定法第5条の各項目について、その概要と趣旨をご説明します。

内　　容	認定法第5条
事業の性質や内容に関するもの	第1号～第5号
財務に関するもの	第6号～第9号
機関に関するもの	第10号～第14号
財産に関するもの	第15号～第18号

1 事業の性質や内容に関するもの

公益社団法人等は、不特定かつ多数の者の利益の増進に寄与する公益目的事業を行う法人として適切な法人運営を行っていけるように、その事業の性質や内容に関して基準が定められています。

(1) 公益目的事業を主たる目的とする

公益社団法人等はその名称の通り、公益法人であるため、公益目的事業を主たる目的として実施する法人であることが求められます。

「主たる目的」についての明確な判断基準はありませんが、認定法第5条第8号の「公益目的事業比率の見込みが50%以上」を満たすことで、この基準はクリアするものと判断されます（認定法5一、公益認定等ガイドラインⅠ-1）。

(2) 経理的基礎及び技術的能力を有する

公益社団法人等には、将来にわたって安定的かつ継続的に公益目的事業を行うことが期待されていることから、法人が保有している財産の管理や法人の事業活動の内容を的確に判断する必要があります。

公益目的事業は利益が出ない事業であるため、資金管理等の会計処理を適切に行う能力がなければ、将来にわたって安定的かつ継続的に法人を運営することができません。そこで、認定法は、第5条第6号において「公益目的事業に係る収入がその実施に要する適正な費用を償う額を超えない」と定めています。

一方、技術的能力は、事業実施のための技術、専門的人材や設備などの能力を示していますが、必ずしも法人自らがすべてを保有していることを求められているものではなく、外部に委託しても問題ありません。ただし、大部分を外部に委託しているような場合は、技術的能力を有していると判断されない可能性がありますので注意が必要です（認定法5二、公益認定等ガイドラインⅠ-2）。

(3) 法人の関係者に対し特別の利益を与えない

法人の関係者とは、その法人の社員、評議員、理事等又はその親族等を示しています。

公益社団法人等の社員、評議員及び理事等は、その地位を利用して、関係者に利益を与えることができます。しかし、公益社団法人等は不特定かつ多数の者の利益の増進に寄与する公益目的事業を行っており、特定の者に対してのみ特別の利益を与えるのは公益社団法人等のあり方として不適切なため、この基準が設けられています（認定法５三）。

(4) 利益を図る活動を行う特定の個人若しくは団体に対し特別の利益を与えない

上記(3)と同様に、公益社団法人等が特定の者に対してのみ特別の利益を与えるのは不適切です。また、利益を得るための活動を行う個人や団体へ公益社団法人等が寄附を行う場合、寄附を受けた側は、その財産で営利活動を行い、最終的な利益は特定の個人に分配される可能性があります。これでは、不特定かつ多数の者の利益の増進に寄与しないこととなってしまいます。

以上のことを防止するためにこの基準が設けられています（認定法５四）。

(5) 投機的な取引や公の秩序若しくは善良の風俗を害するおそれのある事業を行わない

公益認定を受けて公益社団法人等になることは、社会的信用を得ることでもあります。投機的な取引や高利貸、公序良俗に反する事業など公益社団法人等として社会的信用を維持するうえでふさわしくない事業を行うことは、公益法人全体の信用を損なう可能性があります。そのため、事業内容の制約が設けられています（認定法５五）。

2 財務に関するもの

以下にご説明する４項目のうち、(1) 収支相償、(3) 公益目的事業比率が50%以上、(4) 遊休財産額の保有制限は「財務三基準」と呼ばれ、公益社団法人等となるための重要な基準となります。

(1) 公益目的事業に係る収入がその実施に要する適正な費用を償う額を超えない（収支相償）

公益目的事業は不特定かつ多数の者の利益を増進し寄与すべきものであることから、その公益目的事業の遂行に当たっては、動員可能な資源を最大限に活用し、無償又は低廉な対価を設定することにより、受益者の範囲を可能な限り拡大することが求められています(FAQ 問Ⅴ -2- ③)。

つまり、公益目的事業は利益が出ない公益性のある事業ということができます。さらに、収益事業を行う公益社団法人等は、収益事業の利益の50% 又は50% 超を公益目的事業に繰り入れてこの判定を行うため、収益事業の利益の50% 又は50% 超を公益目的事業に繰り入れても、利益が出ないように事業を行う必要があります（認定法５六）。

(2) 収益事業等を行う場合、公益目的事業の実施に支障を及ぼすおそれがない

上記(1)でご説明した通り、公益目的事業から利益を出すことはできませんので、公益目的事業を実現するための財源を確保するために収益事業を行うことができます。

ただし、上記１(1)の通り、公益社団法人等は公益目的事業を主たる目的として行うため、本来の公益目的事業がおろそかにならないようにこのような制約があります（認定法５七）。

(3) 公益目的事業比率が 50% 以上

上記１(1)でご説明した通り、公益社団法人等は公益目的事業を主たる目的としていることから、それを明確にするため、法人が行うすべての活動に係る費用の半分以上を公益目的事業の費用が占めるように定められています（認定法５八）。

(4) 遊休財産額の保有制限

公益社団法人等の財産は、事業活動に賛同した個人や法人からの寄附金や国等からの補助金を財源としています。しかし、財産を事業活動に使用せず、長期間寝かせたままでは、寄附者の意思や補助金を支給した団体等の目的に反することになります。そのため、公益社団法人等が保有する財産が速やかに使用されるようにこの基準が設けられています。

ただし、ある程度の財産を保有していなければ法人の運用に支障をきたすおそれがあるため、公益目的事業を翌事業年度も引き続き行うことができるよう、１年分の公益目的事業費相当額まで財産を保有することが認められています（認定法５九）。

3 機関に関するもの

これらの規定は、法人の適正な運営を阻害する要因をあらかじめ排除することを目的としています。

(1) 理事と特別の関係がある者の制限

理事会の構成員の一定割合以上を理事と特別の関係のある者で占めてしまうと、それらの者により理事会が支配され、意見が偏ってしまう可能性があります。理事会において一部の者の意見のみが通ると、適正な法人の運営が阻害されてしまうおそれがあります。また、監事についても、理事と特別の関係がある者で一定割合を占めると、理事に対する監督機能が十分になされない可能性があります。

そのため、理事の配偶者や三親等内の親族など政令で定める特別の関係者の合計数は理事の総数の３分の１を超えないことを定めています。監事についても、同様に特別の関係者の合計数は監事の総数の３分の１を超えないことを定めています（認定法５十）。

(2) 同一団体の制限

上記(1)と同様の理由から、他の同一の団体の理事又は使用人等の関係者が理事又は監事となる場合の合計数は総数の3分の1を超えないことを定めています（認定法5十一）。

なお、他の同一の団体とは、人格、組織、規則などから同一性が認められる団体をいい、その団体の法人格の有無は問われていませんので、権利能力なき（人格のない）社団も含まれます（FAQ問Ⅳ -2- ③）。

(3) 会計監査人の設置

公益社団法人等には税制上の優遇措置があります。また、公益社団法人等になった後も計算書類等の定期提出書類の提出が求められます。そのため、一般社団法人等以上に情報開示や会計処理の適切性が求められることから、一定の規模以上の公益社団法人は会計監査人を設置する必要があります（認定法5十二）。

ここでいう一定の規模以上の法人とは、前事業年度の①収益1,000億円以上、②費用・損失1,000億円以上、③負債50億円以上のいずれかに該当する法人です（認定令6）。

(4) 理事、監事及び評議員に対する報酬等の支給基準の制定

役員等の報酬の支給基準を制定しないと、役員等への報酬を不当に高額にすることにより法人の非営利性を潜脱する可能性があります。また、収支相償の要件を満たすために報酬金額を調整し利益操作するおそれもあります。

そこで、役員等に対する報酬等の適正な水準を確保するための支給基準を制定することが求められています（認定法5十三）。

(5) 社員の資格得喪に関する条件

これは公益社団法人のみに関する定めです。公益社団法人にとって社員総会は最高議決機関であり、理事及び監事の選任や解任、定款の変更

を決定することができます。

社員は原則各１個の議決権を有しており（一般法人法48）、社員の資格の得喪や議決権について不当に差別的な取扱いをする条件を付してしまうと意思決定に偏りが生じ、適正な業務運営を阻害するおそれがあります。これを防止するため、社員の資格の得喪や議決権に関する制約を設けています（認定法５十四）。

4　財産に関するもの

他の基準を潜脱するおそれがないように、保有できる財産の制限、公益社団法人等が公益認定を取り消された場合や清算した場合の財産の帰属先等、財産に関することを定めています。

(1) 他の団体の意思決定に関与することができる財産の保有制限

公益社団法人等は公益目的事業を主たる目的とし、収益事業等の実施には制約があることを上記**2 (3)**でご説明しました。株式等の保有を通じて株式会社等の営利法人を実質的に支配すれば、公益社団法人等自らが収益事業等を実施せずとも、収益事業等を行うことができます。これを認めてしまうと、収益事業等の制約の潜脱につながることから、この基準が設けられています（認定法５十五）。

なお、他の団体の事業活動を実質的に支配するおそれがない場合は制限の対象になりません。そのため、議決権が50％以下であれば株式を保有することができます（認定令７）。

(2) 不可欠特定財産に関する定款の定め

不可欠特定財産とは、美術館運営における再収集が困難な美術品や歴史的文化価値のある展示物等の公益目的事業を行うために不可欠な特定の財産のことを示します。この財産を安易に処分することを認めたり、過度な規制をかけたりすることは事業の実施に支障が生じるおそれがあります。そこで、法人自らが財産の維持及び処分の制限について必要な事項を定款で定めることとしています（認定法5十六）。

(3) 公益目的取得財産残額の贈与に関する定款の定め

公益目的事業のために保有している財産について、公益的な事業のために使用されることを確保するために、公益認定が取り消された後の贈与先を定款で定めることとしています（認定法5十七）。

(4) 残余財産の帰属先に関する定款の定め

上記(3)と同様、公益目的事業のために保有している財産について、公益的な事業のために使用されることを確保するために、残余財産の帰属先を定款で定めることとしています（認定法5十八）。

2-4 公益認定申請の手続

Q 　公益認定を受けようとするときの手続を教えてください。

A 　公益認定を受けようとするときは、公益認定の認定基準の要件をすべて満たし、欠格事由に該当しないことを確認したうえで、行政庁へ所定の申請書を記載し、添付資料とともに提出します。

　内閣府が公表している「公益認定等に関する標準処理期間について」によると、提出から認定までにかかる標準的な期間は４か月です。

解説

1 対象法人

公益目的事業を行う一般社団法人及び一般財団法人は、行政庁へ公益認定申請を提出することで公益認定を受けることができます（認定法４）。

2 提出書類

提出書類は公益認定申請書及び別紙１～３並びに添付書類です。

申請書及び別紙１～３の記載事項は次の表のとおりです。

【公益認定申請書及び別紙】

書類名	記載内容
申請書	・名称及び代表者の氏名 ・公益目的事業を行う都道府県の区域、主たる事務所及び従たる事務所の所在場所 ・その行う公益目的事業の種類及び内容 ・その行う収益事業等の内容
別紙１ 法人の基本情報及び組織について	基本情報 法人の住所、代表者氏名、電話、ＦＡＸ、メールアドレス、事業概要等
	組織 （一般社団法人）社員の数や社員の資格の得喪、社員の議決権 （一般財団法人）役員や職員の常勤・非常勤の状況、会員の数等
別紙２ 法人の事業について	事業の一覧 すべての公益目的事業、収益事業等について番号、事業内容を記載
	個別の事業内容について (1) 公益目的事業について 公益目的事業単位ごとに事業種類、内容など、事業の概要※、公益性を説明 ※　助成や表彰などの選考を行う場合、選考方法（選考委員・選考基準・最終決定の方法、予備選考がある場合はその方法等）を具体的に記載 ※　知的財産権が発生する場合、当該知的財産権の帰属先 ※　財源や主要な財産も記載 (2) 収益事業について 事業の概要や収益事業の利益の額が「０円以下である理由」 (3) その他（相互扶助等事業）について 事業の概要

別紙３ 財務に関する公益認定の基準に係る書類について	別表Ａ　収支相償の計算
	別表Ｂ　公益目的事業比率の算定
	別表Ｃ　遊休財産額の保有制限の判定
	別表Ｄ　他の団体の意思決定に関与することができる財産保有の有無
	別表Ｅ　公益目的事業を行うのに必要な経理的基礎
	別表Ｆ　各事業に関連する費用額の配賦計算表
	別表Ｇ　収支予算の事業別区分経理の内訳表

添付書類の一覧は下記の表の通りです。

なお、添付書類には公益認定の認定基準に適合した定款を添付する必要があります。定款の変更は一般社団法人の場合は社員総会の決議（一般法人法146)、一般財団法人の場合は原則として評議員会の決議（一般法人法200）が必要になります。

【添付書類一覧】

1	定款
2	登記事項証明書
3	理事等（理事、監事及び評議員）の名簿
4	理事、監事及び評議員に対する報酬等の支給の基準を記載した書類
5	確認書
6	許認可等を証する書類（※許認可等が必要な場合のみ）
7	滞納処分に係る国税及び地方税の納税証明書 （過去３カ年に滞納処分がないことの証明）
8	事業計画書
9	収支予算書
10	前事業年度末日（設立日）の財産目録
11	前事業年度末日（設立日）の貸借対照表及びその附属明細書
12	事業計画書及び収支予算書に記載された予算の基礎となる事実を明らかにする書類（前年度の正味財産増減計算書等）
13	事業・組織体系図（※作成不要の場合あり）
（以下は必要な場合に提出すべき添付書類）	

14	社員の資格の得喪に関する細則（※特例社団法人の場合であって、定款のほかに、社員の資格の得喪に関し何らかの定めを設けている場合のみ）
15	会員等の位置づけ及び会費に関する細則（※定款のほかに、会員等の位置づけ及び会費に関する何らかの定めを設けている場合のみ）
16	寄附の使途の特定の内容がわかる書類（※公益目的事業以外に使途を特定した寄附がある場合のみ）

出典：内閣府／都道府県「申請の手引き公益認定編（一般法人が公益認定を申請する場合）」より

（筆者注）上記「14」の特例社団法人とは、公益法人改革制度において暫定移行期間として定められた2008年から2013年の間に、新制度への移行が完了していない社団法人のことをいいます。

3　欠格事由

公益認定を受けるに際して、認定法第5条各号の要件をすべて満たしていても、欠格事由に該当する場合は公益認定を受けることができません（認定法6）。

公益認定を受けることによって社会的信用が付与され、税制上の優遇措置を適用することができるようになるため、その効果を付与するにふさわしくないものを排除するために欠格事由が設けられています。

以下が欠格事由の内容です。

【欠格事由】

1　その理事、監事及び評議員のうちに、次のいずれかに該当する者がいる場合

①　過去5年以内に公益認定を取り消された法人において、取消し原因となる事実があった日以前1年以内にその法人の業務を行う理事であった者

②　一般法人法若しくは暴力団員による不当な行為の防止等に関する法律の規定に違反したことにより、若しくは刑法第204条、第206条、第208条、第208条の2第1項、第222条若しくは第247条の罪若しくは暴力行為等処罰に関する法律第1条、第2条若しくは第3条の罪を犯し

たことにより、又は国税若しくは地方税に関する法律中偽りその他不正の行為により国税若しくは地方税を免れ、納付せず、若しくはこれらの税の還付を受け、若しくはこれらの違反行為をしようとすることに関する罪を定めた規定に違反したことにより、罰金の刑に処せられ、その執行を終わり、又は執行を受けることがなくなった日から５年を経過しない者

③　禁錮以上の刑に処せられ、その刑の執行を終わり、又は刑の執行を受けることがなくなった日から５年を経過しない者

④　暴力団員による不当な行為の防止等に関する法律第２条第６号に規定する暴力団員又は暴力団員でなくなった日から５年を経過しない者

2　公益認定を取り消され、その取消しの日から５年を経過しないもの

3　その定款又は事業計画書の内容が法令又は法令に基づく行政機関の処分に違反しているもの

4　その事業を行うに当たり法令上必要となる行政機関の許認可等を受けることができないもの

5　国税又は地方税の滞納処分の執行がされているもの又は当該滞納処分の終了の日から３年を経過しないもの

6　暴力団員等がその事業活動を支配するもの

4　意見聴取

行政庁は公益認定の審査において、事業を行うに当たり法令上行政機関の許認可等を必要とする場合、当該行政機関へ公益事業としてふさわしい事業の内容か等、公益認定の認定基準を満たしているかを確認する必要があります。

また、欠格事由に該当していないかを確認するため、警視庁長官等や国税庁長官等へ意見を聴くこととされます（認定法８）。

5　公示

行政庁は、公益認定をしたときは、インターネットの利用その他の適切な方法により、その旨を公示します（認定法10、認定規52）。

6 公益認定の申請件数と認定処分件数

年度別の公益認定の申請件数と認定処分件数は次の通りです。

【申請件数】

		平成27年度	28年度	29年度	30年度	令和元年度	令和2年度
公益認定	内閣府	60	61	72	50	46	62
	都道府県	39	33	50	55	48	35
移行認定	内閣府	0	0	0	0	0	0
	都道府県	0	0	0	0	0	0
合計	内閣府	60	61	72	50	46	62
	都道府県	39	33	50	55	48	35

【認定処分件数】

		平成27年度	28年度	29年度	30年度	令和元年度	令和2年度
公益認定	内閣府	44	46	53	40	36	39
	都道府県	41	41	29	40	50	38
移行認定	内閣府	3	0	0	0	0	0
	都道府県	4	1	0	0	0	0
合計	内閣府	47	46	53	40	36	39
	都道府県	45	42	29	40	50	38

(注) 表中の「年度」は、各年4月1日から翌年3月31日までを指す。
出典：内閣府「令和2年公益法人の概況及び公益認定等委員会の活動報告
第2部 公益認定等委員会の活動報告
第2章委員会の事務処理状況　1. 公益法人に係る審査」より

2-5 公益認定後の留意点

Q 公益認定を受けた後には、どのようなことに気をつける必要がありますか。

A 一般的には公益認定後１年から３年以内に、その後は３年以内に１度のタイミングで立入検査があります。また、公益認定の認定基準を満たさなくなった場合、基準を満たすような措置を行わなければ公益認定を取り消されることもありますので留意が必要です。

公益社団法人等になると、毎事業年度、定期提出書類を行政庁へ提出しなければなりません。

解説

1 報告及び立入検査

行政庁は、公益法人の事業の適正な運営を確保するために必要において、公益社団法人等に対し、その運営組織及び事業活動の状況に関し必要な報告を求めることができます（報告要求）。また、事務所へ立入検査を実施し、その運営組織及び事業活動の状況若しくは帳簿、書類その他の物件の検査及び関係者に質問することができます（認定法27）。

立入検査は一般的に公益認定後１年から３年以内に実施され、その後は３年以内に１回実施されます。なお、立入検査はいきなり訪問されるわけではなく、検査の概ね１か月前に実施日時・場所等の連絡があります。

2 勧告、命令等

行政庁は公益社団法人等について、次のいずれかに該当すると疑うに足りる相当な理由がある場合には、期限を決めて必要な措置をとるべき旨の勧告をすることができます（認定法 28、29）。

①　公益認定の認定基準のいずれかに適合しなくなったとき

②　公益社団法人等の事業活動等に係る規定を遵守していないとき

③　①及び②のほか、法令又は法令に基づく行政機関の処分に違反したとき

勧告を受けた公益社団法人等が正当な理由なく、勧告に係る措置を取らなかった場合はその勧告に係る措置をとるべきことを命令することができます。この命令に従わない場合は公益認定の取消しとなります。

【公益認定の取消しまでの流れ】

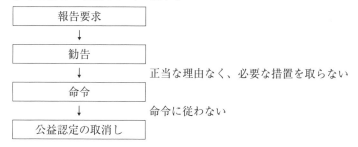

報告要求

↓

勧告

↓　正当な理由なく、必要な措置を取らない

命令

↓　命令に従わない

公益認定の取消し

3 公益認定の取消し

公益認定の取消しには、公益認定を取り消さなければならない場合と公益認定を取り消すことができる場合があります（認定法 29）。

(1) 公益認定を取り消さなければならない場合

①　欠格事由のいずれかに該当した場合

②　偽りその他不正の手段により公益認定、変更の認定及び合併による

地位の継承の認可を受けたとき

③　正当な理由がなく、行政庁の命令に従わないとき

④　公益社団法人等から公益認定の取消しの申請があったとき

(2) 公益認定を取り消すことができる場合

①　公益認定の認定基準のいずれかに適合しなくなったとき

②　公益社団法人等の事業活動等に係る規定を遵守していないとき

③　①及び②のほか、法令又は法令に基づく行政機関の処分に違反したとき

次の図表のように、年々取消し件数が増加していることがわかります。

【年度別の公益認定の取消し件数】

	平成26年度	27年度	28年度	29年度	30年度	令和元年度
内閣府	0	3	3	3	5	2
都道府県	2	4	2	4	5	10
合計	2	7	5	7	10	12

(注) 表中の「年度」は、各年12月1日から翌年11月30日までを指す。
出典：内閣府「令和2年公益法人の概況及び公益認定等委員会の活動報告
第1部公益法人の概況　第2章法人数等　2.法人数の変動」より

4　行政庁への定期提出書類の提出義務

事業の適正な運営を確保するために、公益社団法人等は行政庁に運営組織及び事業活動の状況に関する定期提出書類を毎事業年度提出する必要があります。定期提出書類は、毎事業年度開始の日の前日までに提出するものと毎事業年度の経過後3か月以内に提出するものとがあります。

このうち毎事業年度開始の日の前日までに提出するものは、事業計画書、収支予算書、資金調達及び設備投資の見込みを記載した書類、事業

計画等の承認を受けた理事会等の議事録です。そのため、毎事業年度開始の日の前日までに、事業計画等を作成し、理事会の承認を受ける必要があります。なお、定款で社員総会や評議員会の承認を得ると定めている場合は、社員総会や評議員会も事業年度開始の前日までに行う必要があります。

また、毎事業年度の経過後３か月以内に提出するものは、貸借対照表及び正味財産増減計算書、事業報告並びにこれらの附属明細書等の事業報告等に係る提出書類です（認定法22）。事業報告等に係る提出書類は公益認定の認定基準を満たしていることを行政庁へ報告するものであるため、公益認定申請の際に提出した書類とほぼ同じ内容になります。

第3章

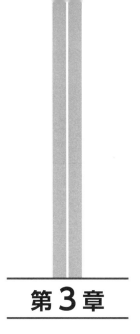

公益法人等に対する課税の概要

3-1 公益法人等をめぐる税制の概要

Q 公益法人等をめぐる税制の概要を教えてください。

A 公益法人等には、税制上の各種優遇措置が設けられています。

これらは、「公益法人等を支援する寄附者（個人及び法人）についての税制優遇」と「公益法人等が行う事業についての税制優遇」の２つに大別されます。

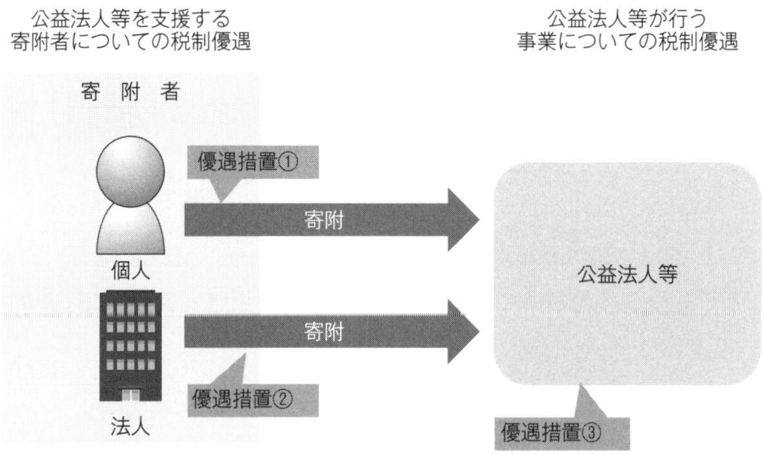

解 説

1　優遇措置①：公益法人等に対して寄附をした個人に対する税制優遇

(1) 所得税

次の表のように、所得控除対象となる法人と所得控除と税額控除の選択が可能とされる法人があります（「**第5章**　公益法人等と所得税」77頁参照）。

寄附先	税制優遇措置
公益法人 (所法78②二)	イ）所得控除 (所得金額－(寄附額※1－2,000円))×所得税率＝税額 ※1　総所得金額等×40%が限度
税額控除対象の公益法人 (措法41の18の3)	以下、いずれかを選択可能 イ）所得控除　同上 ロ）税額控除 所得税額－((寄附額－2,000円)×40%)※2＝税額 ※2　所得税額の25%相当額が限度

(2) 個人住民税

都道府県又は市区町村が条例により指定した寄附金は、一定の金額が個人住民税の額から税額控除されます。

(3) みなし譲渡所得税

個人が財産を公益法人等に対して寄附（贈与）した場合、その寄附（贈与）が教育又は科学の振興、文化の向上、社会福祉への貢献その他公益の増進に著しく寄与すること等、一定の要件を満たすものとして国税庁長官の承認を受けたときは、みなし譲渡所得課税を行わないものとされています（**第7章**　措置法第40条、第70条の取扱い」117頁参照）。

(4) 相続税

相続により財産を取得した者が、相続財産を、その相続税の申告期限までに公益法人等に対して寄附（贈与）をして、一定の要件を満たした場合には、相続税は課税されないものとされています（「**第７章**　措置法第40条、第70条の取扱い」117頁参照）。

2　優遇措置②：公益法人等に対して寄附をした法人に対する税制優遇

(1) 寄附金の損金算入限度額の拡充（特定公益増進法人に対する場合のみ）

一般寄附金の損金算入限度額とは別に、特定公益増進法人等に対する寄附金の損金算入限度額が設けられており、次のイ＋ロの合計額が損金算入限度額になります（「**4-7**　法人が公益法人等に寄附した場合」73頁参照）。

損金算入限度額	
イ　一般寄附金	$\left[(\text{資本金}+\text{資本準備金})\times\frac{\text{当期の月数}}{12}\times\frac{2.5}{1{,}000}+\text{所得の金額}\times\frac{2.5}{100}\right]\times\frac{1}{4}=$〔損金算入限度額〕
ロ　特定公益増進法人等に対する寄附金	$\left[(\text{資本金}+\text{資本準備金})\times\frac{\text{当期の月数}}{12}\times\frac{3.75}{1{,}000}+\text{所得の金額}\times\frac{6.25}{100}\right]\times\frac{1}{2}=$〔特別損金算入限度額〕

3　優遇措置③：公益法人等が行う事業についての税制優遇

一方、公益法人等が行う事業については、次のような税制優遇措置が設けられています。

なお、法人税については「**第４章**　公益法人等と法人税」(55頁)、所得税については「**第５章**　公益法人等と所得税」(77頁）もご参照ください。

		公益社団法人 公益財団法人	一般社団法人・一般財団法人	
			非営利型法人	左記以外の法人
根拠法		公益社団法人及び公益財団法人の認定等に関する法律	一般社団法人及び一般財団法人に関する法律 法人税法施行令第3条	一般社団法人及び一般財団法人に関する法律
法人税	課税対象	収益事業課税 ・収益事業についてのみ課税 ・公益認定法上の公益目的事業は収益事業から除外（非課税）	収益事業課税	全所得課税 （普通法人）
	みなし寄附金	あり 収益事業に属する資産のうちから、自らの公益目的事業に支出した金額は、その収益事業に係る寄附金の額とみなし、次のいずれか多い金額を損金算入 ①　所得金額の50％ ②　みなし寄附金のうち、公益目的事業の実施に必要な金額	なし	なし
	税率	23.2％ （所得年800万円まで15％）	23.2％（所得年800万円まで15％）	23.2％（所得年800万円まで15％）
所得税	利子配当等の源泉所得税	非課税 （所法11）	課税	課税
登録免許税	名称変更登記	非課税 （登録免許税法5十四）	課税	課税
	学校・保育所等の設置	以下の場合は非課税 ・学校の校舎等の所有権取得登記他 ・保育所や子ども園等の建物や土地の所有権取得登記 （登録免許税法4②、同法別表第三）	課税	課税
印紙税	定款	非課税 （印紙税法5一、同法別表第一）	非課税	非課税

		公益社団法人 公益財団法人	一般社団法人・一般財団法人	
			非営利型法人	左記以外の法人
事業所税		収益事業のみ課税 （地法701の34②）	収益事業のみ課税	全て課税
固定資産税	非課税	以下の用途は非課税 （地法348②） ・設置する幼稚園において直接保育の用に供する固定資産（九） ・設置する図書館において直接その用に供する固定資産（九） ・設置する博物館法第2条第1項に規定する博物館において直接その用に供する固定資産（九） ・設置する看護師、准看護師、歯科衛生士その他政令で定める医療関係者の養成所において直接教育の用に供する固定資産（九の二） ・児童福祉法第7条第1項に規定する児童福祉施設の用に供する固定資産で政令で定めるもの（十の三） ・老人福祉法第5条の3に規定する老人福祉施設の用に供する固定資産で政令で定めるもの（十の五） ・社会福祉法第2条第1項に規定する社会福祉事業の用に供する固定資産で政令で定めるもの（十の七） ・学術の研究を目的とする公益社団法人又は公益財団法人がその目的のため直接その研究の用に供する固定資産（十二） ・学生又は生徒の修学を援助することを目的とするものがその目的のため設置する寄宿舎で政令で定めるものにおいて直接その用に供する家屋（二十六）	以下の用途は非課税 ・設置する看護師、准看護師、歯科衛生士その他政令で定める医療関係者の養成所において直接教育の用に供する固定資産（九の二）	用途による非課税規定なし

		公益社団法人 公益財団法人	一般社団法人・一般財団法人 非営利型法人	一般社団法人・一般財団法人 左記以外の法人
不動産取得税	非課税	以下の用途は非課税 （地法 73 の 4 ①） ・設置する幼稚園において直接保育の用に供する不動産（三） ・職業能力開発促進法第 24 条の規定による認定職業訓練を行うことを目的とする公益社団法人又は公益財団法人がその職業訓練施設において直接職業訓練の用に供する不動産（三） ・設置する博物館法第 2 条第 1 項に規定する博物館において直接その用に供する不動産（三） ・設置する看護師、准看護師、歯科衛生士その他政令で定める医療関係者の養成所において直接教育の用に供する不動産（三の二） ・児童福祉法第 7 条第 1 項に規定する児童福祉施設の用に供する不動産で政令で定めるもの（四の三） ・老人福祉法第 5 条の 3 に規定する老人福祉施設の用に供する不動産で政令で定めるもの（四の五） ・社会福祉法第 2 条第 1 項に規定する社会福祉事業の用に供する不動産で政令で定めるもの（四の七） ・学術の研究を目的とする公益社団法人又は公益財団法人がその目的のために直接その研究の用の供する不動産（七）	以下の用途は非課税 ・設置する看護師、准看護師、歯科衛生士その他政令で定める医療関係者の養成所において直接教育の用に供する不動産（三の二）	用途による非課税規定なし

第4章

公益法人等と法人税

4-1 公益法人等に対する法人税の概要

Q 公益法人等に対する法人税について教えてください。

A **第３章**でもご説明したように、公益法人等の活動を支援する観点から税制上の優遇措置が設けられています。このうち法人税法では、収益事業課税とみなし寄附金制度が設けられています。

また、優遇措置ではありませんが、所得税額控除について、公益法人等特有の制度が設けられています。

解説

公益法人等の活動を支援する観点から、法人税法では、収益事業課税及びみなし寄附金制度という２つの優遇措置が設けられています。

収益事業課税とは、全所得に課税されるのではなく、収益事業と非収益事業に区分し、収益事業のみ法人税が課税されることをいいます。

みなし寄附金制度とは、収益事業から公益目的事業のために支出した金額を法人税法上寄附金とみなして所得計算することをいいます。

また、優遇措置ではありませんが、公益法人等特有の所得税額控除として、公益法人等が受け取る利子及び配当等で非収益事業又はこれに属する資産から生ずるものについては、所得税額控除をすることができない制度が設けられています。

これらの措置の適用関係を法人の種類ごとにまとめると、次の通りになります。

【法人の種類と課税関係のまとめ】

	公益社団法人等	非営利型法人		一般社団法人等
		非収益事業	収益事業	
課税の範囲	収益事業のみ	収益事業のみ		全所得
みなし寄附金制度	あり	なし		なし
所得税額控除	なし	なし	あり	あり

4-2 非営利型法人の詳細

Q 非営利型法人とは、どのような法人ですか。
詳しく教えてください。

A 非営利型法人とは、**第1章**でご説明したように、一般社団法人及び一般財団法人のうち、法人税法上の非営利型法人の要件を満たすことにより、収益事業から生じた所得のみに法人税が課される法人をいいます。

非営利型法人には、非営利が徹底された法人（以下「非営利徹底型」という。）と共益的活動を目的とする法人（以下「共益型」という。）の2つの類型があります。

解説

1 非営利型法人

非営利型法人とは、収益事業から生じた所得のみに法人税が課される法人をいいます。

一般社団法人等は、法人税法上の非営利型法人の要件を満たすことにより、行政庁からの認定手続等の特段の手続を行うことなく、非営利型法人になることができます。ただし、1つでも要件に該当しなくなった場合は、特段の手続を行うことなく、普通法人となってしまいますので、留意する必要があります。

非営利型法人には、次のように非営利徹底型と共益型の2つの類型があります。

2 非営利徹底型

非営利徹底型は、剰余金の分配だけでなく、残余財産の分配など、特別の利益を特定の個人又は団体に与えることができないようになっている法人です。法人税法で「その行う事業により利益を得ること又はその得た利益を分配することを目的としない法人であってその事業を運営するための組織が適正であるものとして政令で定めるもの」（法法２九の二イ）と定義されています。

非営利徹底型は、以下に掲げる４つの要件のすべてに該当する必要があります（法令３①）。

(1)　定款に剰余金の分配を行わない旨の定めがあること。

(2)　定款に解散したときはその残余財産が次に掲げる法人等に帰属する旨の定めがあること（認定法５十七イ～ト）。

・　国若しくは地方公共団体
・　公益社団法人又は公益財団法人
・　私立学校法第３条に規定する学校法人
・　社会福祉法第22条に規定する社会福祉法人
・　更生保護事業法第２条第６項に規定する更生保護法人
・　独立行政法人通則法第２条第１項に規定する独立行政法人
・　国立大学法人法第２条第１項に規定する国立大学法人又は同条第３項に規定する大学共同利用機関法人
・　地方独立行政法人法第２条第１項に規定する地方独立行政法人
・　その他上記に掲げる法人に準ずるものとして政令で定める法人

(3)　(1)及び(2)の定款の定めに反する行為（(1)、(2)及び(4)に掲げる要件の全てに該当していた期間において、剰余金の分配又は残余財産の分配若しくは引渡し以外の方法（合併による資産の移転を含む。）により特定の個人又は団体に特別の利益を与えることを含む。）を行うことを決定し、又は行ったことがないこと。

(4)　各理事（清算人を含む。）について、当該理事及び当該理事の配偶者

又は三親等以内の親族その他の当該理事と財務省令で定める特殊の関係のある者である理事の合計数の理事の総数のうちに占める割合が、３分の１以下であること。

なお、(3)の「特別の利益を与えること」とは、法人が特定の個人又は団体に対し、次に掲げるような経済的利益の供与又は金銭その他の資産の交付で、社会通念上不相当なものを指します（法基通 1-1-8）。

・　土地、建物等の資産を無償又は通常よりも低い賃貸料で貸し付けていること。
・　無利息又は通常よりも低い利率で金銭を貸し付けていること。
・　所有する資産を無償又は通常よりも低い対価で譲渡していること。
・　通常よりも高い賃借料により土地、建物その他の資産を賃借していること又は通常よりも高い利率により金銭を借り受けていること。
・　資産を通常よりも高い対価で譲り受けていること又は法人の事業の用に供すると認められない資産を取得していること。
・　法人が、特定の個人に対し、過大な給与等を支給していること。

(4)の「理事と財務省令で定める特殊の関係のある者」とは、次の者を指します（法規２の２①）。

①　当該理事（清算人を含む。以下同様。）の配偶者
②　当該理事の三親等以内の親族
③　当該理事と婚姻の届出をしていないが事実上婚姻関係と同様の事情にある者
④　当該理事の使用人
⑤　①から④以外の者で当該理事から受ける金銭その他の資産によって生計を維持しているもの
⑥　③から⑤に掲げる者と生計を一にするこれらの者の配偶者又は三親等以内の親族

3 共益型

共益型は、「その会員から受け入れる会費により当該会員に共通する利益を図るための事業を行う法人であってその事業を運営するための組織が適正であるものとして政令で定めるもの」（法法２九の二ロ）と定義されています。

共益型は、以下に掲げる７つの要件のすべてに該当する必要があります（法令３②）。

(1)　その会員の相互の支援、交流、連絡その他の当該会員に共通する利益を図る活動を行うことをその主たる目的としていること。
(2)　その定款（定款に基づく約款その他これに準ずるものを含む。）に、その会員が会費として負担すべき金銭の額の定め又は当該金銭の額を社員総会若しくは評議員会の決議により定める旨の定めがあること。
(3)　その主たる事業として収益事業を行っていないこと。
(4)　その定款に特定の個人又は団体に剰余金の分配を受ける権利を与える旨の定めがないこと。
(5)　その定款に解散したときはその残余財産が特定の個人又は団体（前記**2**非営利徹底型の要件(2)に掲げる法人又はその目的と類似の目的を有する他の一般社団法人若しくは一般財団法人を除く。）に帰属する旨の定めがないこと。
(6)　(1)から(5)及び(7)に掲げる要件の全てに該当していた期間において、特定の個人又は団体に剰余金の分配その他の方法（合併による資産の移転を含む。）により特別の利益を与えることを決定し、又は与えたことがないこと。
(7)　各理事について、当該理事及び当該理事の配偶者又は三親等以内の親族その他の当該理事と財務省令で定める特殊の関係のある者である理事の合計数の理事の総数のうちに占める割合が、３分の１以下であること。

【非営利徹底型と共益型の比較】

	非営利徹底型	共益型
目的	定めなし	会員に共通する利益を図る活動を行う
会費	定めなし	定款又は社員総会若しくは評議員会にて定める
収益事業	定めなし	主として収益事業を行わない
剰余金	剰余金の分配を行わないことを定款で定める	特定の個人又は団体に剰余金を分配することを定款に定めていない
残余財産の帰属先	帰属先について定款で定める	特定の個人又は団体に帰属することを定款に定めていない
特別の利益	行うことの決定又は行ったことがない	行うことの決定又は行ったことがない
理事	理事及び配偶者等の合計数が理事総数の３分の１以下	理事及び配偶者等の合計数が理事総数の３分の１以下

共益型は、非営利徹底型と異なり、残余財産の帰属先を定款に定める必要がなく、一般社団法人の場合には社員総会の決議により残余財産を分配することができます。

4　２つの類型の変更

非営利徹底型から共益型への変更若しくは逆の変更を行うことは定款変更を行うことにより可能です。どちらの類型も非営利型法人であるため、課税関係は変わりません。

4-3 収益事業課税の概要

Q 収益事業課税の概要を教えてください。

A 収益事業課税とは、その法人が行っている事業を収益事業と非収益事業とに区分し、収益事業にのみ法人税が課税されることをいいます。

解説

1 法人税法上の収益事業

収益事業とは、法人税法で「販売業、製造業その他の政令で定める事業で、継続して事業場を設けて行われるもの」(法法2十三)と定義しています。この定義の中で3つの要件を示しています。

(1) 販売業、製造業その他の政令で定める事業であること

法人税法施行令第5条において、次の表の通り34の事業を限定列挙しています。

【収益事業　34事業】

1	物品販売業	13	写真業	25	美容業
2	不動産販売業	14	席貸業	26	興行業
3	金銭貸付業	15	旅館業	27	遊技所業
4	物品貸付業	16	料理店業その他の飲食店業	28	遊覧所業
5	不動産貸付業	17	周旋業	29	医療保健業
6	製造業	18	代理業	30	技芸教授業
7	通信業	19	仲立業	31	駐車場業
8	運送業	20	問屋業	32	信用保証業
9	倉庫業	21	鉱業	33	無体財産権の提供等を行う事業
10	請負業	22	土石採取業	34	労働者派遣業
11	印刷業	23	浴場業		
12	出版業	24	理容業		

なお、収益事業に付随して行われる行為も収益事業に含まれます。例えば、技芸教授業にて技芸に関する教材等の物品の販売をする行為がこれに該当します（法基通15-1-6）。

(2) 継続していること

全期間を通じて行うもの以外にも、年に1回だけであっても、相当期間にわたって行われるものや、定期的又は不定期に継続して反復的に行われるものも継続していることになります。

(3) 事業場を設けていること

事務所や店舗などの固定的なものだけでなく、移動販売や必要に応じて随時事業所を設けることも事業場を設けていることになります。

2　公益社団法人等の収益事業

1でご説明した収益事業に該当する事業でも、公益社団法人等が公益目的事業として行っている場合は、非収益事業とされ、法人税は課税されません（法令5②一）。

公益社団法人等は**第2章**でご説明した通り、公益認定の基準を満たしていることを行政庁から認定を受けて、公益目的事業を行っており、厳しい要件を備えていることから、その行う事業は法人税法でも非収益事業としています。

【公益社団法人等の課税対象イメージ】

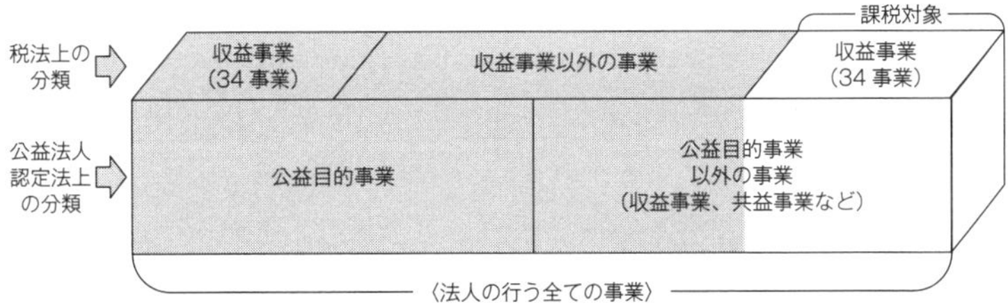

出典：国・都道府県公式公益法人行政総合情報サイト公益法人 information
「公益法人税制　③公益法人が行う事業に対する税制優遇」より

4-4 収益事業課税における留意点

Q 収益事業課税における留意点を教えてください。

A 収益事業課税では収益事業と非収益事業に区分する必要があり（法令６）、区分に関連する特有の処理があります。その中で代表的なものをご説明します。

解説

1 資産及び負債の区分

収益及び費用に関する損益項目を収益事業と非収益事業に区分するだけでなく、資産及び負債に関する項目についても区分することになっています。

しかし、１つの資産及び負債が収益事業の用と非収益事業の用で共用されている場合もあります。それぞれの専用する部分が明らかなものについては、専用面積の比やその他合理的な基準により帳簿価額を適正に区分して計上することができますが、区分経理することができないものは、非収益事業に計上し、それに係る収益と費用を収益事業に区分経理します（法基通 15-2-1）。

2 費用又は損失の区分

費用又は損失について収益事業と非収益事業に区分するには、次の２

つの方法によります（法基通 15-2-5）。

(1)　収益事業について直接要した費用又は損失の額は、収益事業に係る費用又は損失の額とする。

(2)　収益事業と非収益事業とに共通する費用又は損失の額は、継続的に、資産の使用割合、従業員の従事割合、資産の帳簿価額の比、収入金額の比その他当該費用又は損失の性質に応ずる合理的な基準により収益事業と非収益事業とに配賦する。

なお、非収益事業の資産を収益事業のために使用した場合、収益事業から非収益事業へ賃借料、支払利子等を支払ったとしても、その額を収益事業に係る費用又は損失として経理することはできません（法基通 15-2-5（注））。

3　低廉譲渡等

法人が時価よりも低い対価で資産を譲渡し、又は経済的な利益の供与をした場合、時価と取引価額の差額について寄附金とみなし、損金算入限度額まで損金算入を認めています（法法 37⑧）。しかし、公益法人等は公益を目的とするものであるため、本来の目的のために資産を無償で譲渡し、あるいは無利息で資金の貸付けを行うことがあります。そのため、本来の目的たる事業の範囲内で行われるものであれば、低廉譲渡等があっても寄附金課税の適用はありません（法基通 15-2-9）。

4　収益事業に属する固定資産の処分損益

非収益事業の用に供している固定資産については、その処分損益はおよそ無条件で非課税になりますが、収益事業の用に供しているものは課税の対象になります。その資産を収益事業に使用しているか否かにより課税するか否か異なるのは、課税関係が不安定になることから、次に掲げる損益は収益事業に係る損益に含めないこととされています（法基通

15-2-10)。

(1)　相当期間にわたり固定資産として保有していた土地（借地権を含む。)、建物又は構築物につき譲渡、除却その他の処分をした場合におけるその処分をしたことによる損益

(2)　(1)のほか、収益事業の全部又は一部を廃止してその廃止に係る事業に属する固定資産につき譲渡、除却その他の処分をした場合におけるその処分をしたことによる損益

(1)の「相当期間」の判断については、おおむね10年以上にわたって保有していた固定資産が該当すると考えられます。

5 補助金等の収入

公益法人等が国、地方公共団体等から交付を受ける補助金等については、次の区分に応じ、それぞれ次の取扱いがあります（法基通15-2-12)。

(1)　固定資産の取得又は改良に充てるために交付を受ける補助金等は、当該固定資産が収益事業の用に供されるものである場合であっても、収益事業に係る益金の額に算入しません。

(2)　収益事業に係る収入又は経費を補塡するために交付を受ける補助金等の額は、収益事業に係る益金の額に算入します。

4-5 みなし寄附金

Q　みなし寄附金とは何ですか。

A　公益社団法人等の事業を収益事業と公益目的事業に区分し、それぞれの事業を独立した法人のようにとらえ、収益事業から公益目的事業のために支出した金額を法人税法上は寄附金とみなして所得計算する、みなし寄附金という制度があります（法法37⑤）。

解説

1 みなし寄附金制度

収益事業から公益目的事業に対する支出は、内部振替であり、本来の寄附金としての性格を有するものではありません。

【みなし寄附金のイメージ】

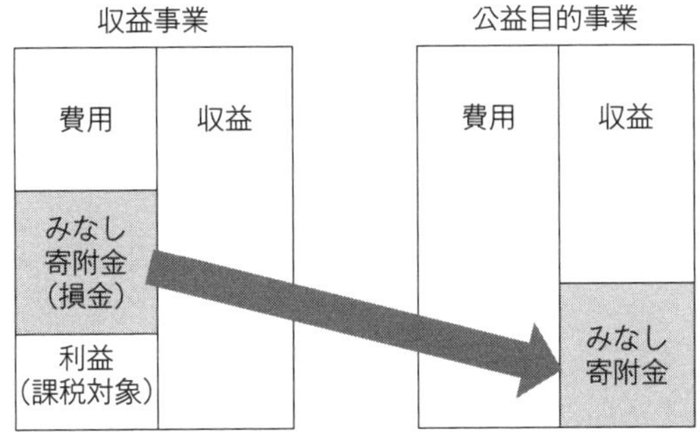

しかし、公益社団法人等が収益事業を行うのは公益目的事業を実現するための財源を確保するためであることから、その事業から生ずる利益を公益目的事業に充てることが想定されます。そのため、内部振替を寄附金とみなすことを認めています。

2 適用対象法人の範囲

みなし寄附金制度が適用される法人は、収益事業課税制度が適用される公益法人等のうち一般社団法人等やNPO法人を除く法人です。

一般社団法人等は、行う事業の範囲に制約がなく、必ず公益性のある事業を行うことが求められていないことから、みなし寄附金制度の適用が認められていません。

3 みなし寄附金の損金算入限度額

みなし寄附金の損金算入限度額は、次のイとロのいずれか多い金額です（法令73の2①、法規22の5）。

イ　公益目的事業の実施のために必要な額（公益法人特別限度額）
ロ　収益事業の所得の金額の50％相当額

イは、上記**1**でご説明した通り、収益事業は公益目的事業を実現するための財源を確保するために行っていることから、公益目的事業で必要な費用を振り替えることを法人税法上も認めたものと考えられます。

ロは、認定法において、公益社団法人等は収益事業等から生じた収益の50％相当額を公益目的事業のために使用しなければならない（認定法18四、認定規24）と定めていることとの整合性を図るためと考えられます。

4-6 公益法人等の所得税額控除

Q 公益法人等の所得税額控除について教えてください。

A 公益法人等が受け取る利子及び配当等で、非収益事業又はこれに属する資産から生ずるものに課される所得税については所得税額控除を適用できません。

解説

法人が受け取る利子及び配当等については源泉徴収により支払者が所得税を納付するため、所得税が差し引かれた後の金額を受け取ります。これは法人税の前払いのようなものであるため、確定申告にて、法人税額から控除することが認められており（法法68①）、これを所得税額控除といいます。

ただし、公益法人等が受け取る利子及び配当等で非収益事業又はこれに属する資産から生ずるものに課される所得税については、所得税額控除を適用しないこととされています（法法68②）。

このうち公益社団法人等についてはそもそも非課税のため源泉徴収されていませんから、所得税額控除の必要はありません（源泉徴収制度については80頁の**5-2**参照）。しかし、公益法人等には非営利型法人も含まれます。非営利型法人は所得税が課されますので、非収益事業にて課税される利子及び配当等は源泉徴収されているにもかかわらず、所得税額控除できないことに留意が必要です。

つまり、法人税の前払いの性格を持つ所得税の源泉徴収をされながら、法人税の申告書を提出できないため、このようなことが起こります。

【まとめ】

	公益社団法人等	非営利型法人		一般社団法人等
		非収益事業	収益事業	
源泉徴収	なし	あり	あり	あり
所得税額控除	なし	なし	あり	あり

4-7 法人が公益法人等に寄附した場合

Q 法人が公益法人等に寄附した場合の取扱いを教えてください。

A 公益社団法人等は特定公益増進法人に該当しますので、公益社団法人等への寄附は損金算入限度額が一般寄附金より大きくなる特例の適用があります。

なお、非営利型法人は一般社団法人等に該当するため特例の適用がなく、損金算入限度額は一般寄附金の限度額になります。

解説

1 寄附金の範囲

寄附金は金銭の贈与だけでなく、金銭以外の資産の贈与や経済的利益の供与も寄附金とみなされ、その贈与時又は経済的利益を供与した時の時価が寄附金となります。そのため、金銭以外の贈与は会計と税務で処理が異なります。

例えば、帳簿価額500万円、時価700万円の土地を贈与した場合、会計上の仕訳と税務上の仕訳は次のようになります。

（会計上）

寄附金	500万円	土地	500万円

（税務上）

寄附金	700万円	土地	500万円
		譲渡益	200万円

2 損金算入限度額

法人が公益社団法人等に寄附した場合、公益社団法人等は特定公益増進法人に該当するため（法令77三）、公益目的事業に関する寄附金は特例措置を受けることができます。

特定公益増進法人とは、公共法人、公益法人等（非営利型法人を除く。）その他特別の法律により設立された法人のうち、教育又は科学の振興、文化の向上、社会福祉への貢献その他公益の増進に著しく寄与するものをいいます（法法37④）。公益社団法人等以外にも、学校法人等や社会福祉法人が特定公益増進法人に該当します（法令77）。

特定公益増進法人へ寄附をした場合、特例措置として一般寄附金の損金算入限度額に、特定公益増進法人への寄附金の特別損金算入限度額が加わります（法令73①、77の2①）。それぞれの損金算入限度額の計算式は次の通りです。

（特定公益増進法人への寄附金の特別損金算入限度額）

$$\left[(\text{資本金}+\text{資本準備金})\times\frac{3.75}{1{,}000}+\text{所得金額}\times\frac{6.25}{100}\right]\times\frac{1}{2}$$

（一般寄附金の損金算入限度額）

$$\left[(\text{資本金}+\text{資本準備金})\times\frac{2.5}{1{,}000}+\text{所得金額}\times\frac{2.5}{100}\right]\times\frac{1}{4}$$

なお、非営利型法人やNPO法人などの資本金又は出資金のない法人等が特定公益増進法人に寄附した場合は、資本金及び資本準備金がありませんので、所得のみで計算します（法令73①二、77の2①二）。寄附金の損金算入限度額の計算式は次の通りです。

（特定公益増進法人への寄附金の特別損金算入限度額）

所得金額×$\frac{6.25}{100}$

（一般寄附金の損金算入限度額）

所得金額×$\frac{1.25}{100}$

3 指定寄附金

財務大臣から指定された公益社団法人等への寄附は上記で説明した寄附金には算入されず、寄附金の全額が損金になります（法法37③二）。

指定寄附金は公益社団法人等への寄附金のうち、以下の要件を満たすことを財務大臣が指定したものです。

①　広く一般に募集されること。

②　教育又は科学の振興、文化の向上、社会福祉への貢献その他公益の増進に寄与するための支出で緊急を要するものに充てられることが確実であること。

第5章

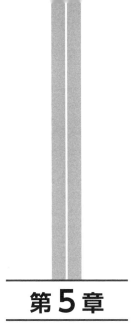

公益法人等と所得税

5-1 公益法人等に対する所得税

Q 公益法人等に対する所得税について教えてください。

A **第３章**でもご説明したように、公益法人等の活動を支援する観点から税制上の優遇措置が設けられています。所得税法上は、源泉徴収制度、寄附金控除、税額控除の３つです。

なお、寄附金控除と税額控除は有利なほうの選択適用になります。

解説

1 優遇措置の概要

公益法人等は、所得税法上で源泉徴収制度、寄附金控除、税額控除の３つの優遇措置が設けられています。これには、公益社団法人等における優遇措置と公益社団法人等への寄附者に対する優遇措置とがあります。寄附者への優遇措置を設けることにより公益社団法人等は寄附金を集めやすくなります。

なお、これらの優遇措置は全て公益社団法人等のみが適用でき、非営利型法人はいずれも適用できません。

2 公益社団法人等における優遇措置

公益社団法人等は、公益社団法人等が受け取る利子及び配当等については所得税が課されないため、源泉徴収がされません（所法11）。

3　公益社団法人等への寄附者に対する優遇措置

公益社団法人等への寄附者は寄附金控除を受けることができ、一定の要件を満たしている公益社団法人等への寄附であれば、寄附金控除と税額控除の有利なほうを選択適用することができます。

寄附金控除とは、個人が国、地方公共団体、特定公益増進法人などに対し特定寄附金を行った場合に、所得金額から一定の金額を差し引くことができる制度です（所法78）。

税額控除とは、個人が「運営組織及び事業活動が適正であること」及び「市民から支援を受けていること」につき一定の要件を満たしていることの証明を受けた公益社団法人等へ寄附した場合に、所得税額から一定の金額を差し引くことができる制度です（措法41の18の3）。

5-2 公益法人等の源泉徴収制度

Q 公益法人等の源泉徴収制度について教えてください。

A 公益社団法人等が受け取る預貯金や公社債の利子等、株式の配当等については所得税が課されないため、源泉徴収されることはありません（所法11①）。

解説

1 源泉所得課税

源泉徴収制度は、利子や配当などの所得を支払う者が、その所得を支払う際に所得税額を計算し、支払金額からその所得税を差し引いて国に納付する制度です（所法181①）。そのため、預貯金や公社債の利子及び株式の配当等について、法人は源泉徴収後の金額を受け取ることになります。

一方、公益社団法人等が受け取る利子及び配当等については所得税が課されないため、源泉徴収はされません（所法11①）。ただし、一般社団法人等においては、このような特例はないため、非営利型法人は、原則通り、利子及び配当等について源泉徴収されます。

2 源泉徴収義務者

公益法人等が役員への報酬や講師への報酬を支払う場合は源泉徴収義

務者となります。その場合、所得税を源泉徴収し、徴収した翌月10日までに徴収税額を国に納付する義務があります（所法6）。

ただし、納期の特例制度として、給与の支給人員が常時10人未満の場合は、納付手続を簡単にするため、給与や退職手当、税理士等の報酬・料金について源泉徴収をした所得税及び復興特別所得税について、年2回にまとめて納付する制度が設けられています（所法216）。

【納期の特例制度を適用した場合の納期】

区　　分	納付期限
1月から6月までに支払った所得からの源泉徴収税額	7月10日
7月から12月までに支払った所得からの源泉徴収税額	翌年1月20日

所轄税務署長に「源泉所得税の納期の特例の承認に関する申請書」を提出して承認を受けることにより、納期の特例制度を受けることができます（所法217）。

5-3 個人が公益法人等に寄附した場合

Q　個人が公益法人等に寄附した場合の取扱いを教えてください。

A　個人が公益社団法人等に寄附した場合には、寄附金控除又は税額控除のいずれかを選ぶことができます。

また、都道府県・市区町村が条例において指定する公益社団法人等へ寄附した場合には、住民税の税額控除を受けることができます。

解説

1 寄附金控除

個人が国や地方公共団体、特定公益増進法人などに対し、特定寄附金を支出した場合には、寄附金控除を受けることができます（所法78）。

特定公益増進法人とは、教育又は科学の振興、文化の向上、社会福祉への貢献その他公益の増進に著しく寄与するものであり、公益社団法人等や独立行政法人などが該当します（所法78、所令217）。

特定寄附金とは、以下の寄附金をいいます。ただし、学校の入学に関するものや寄附をした人に特別の利益が及ぶと認められるもの、政治資金規正法に違反するものなどは、特定寄附金に該当しません。

・　国又は地方公共団体に対する寄附金
・　指定寄附金
・　特定公益増進法人に対する寄附金

・　特定公益信託の信託財産とするために支出した金銭
・　認定 NPO 法人等に対する寄附金（特定非営利活動法人のうち一定の要件を満たすものとして認められたもの（認定 NPO 法人等）に対する寄附金で、特定非営利活動に係る事業に関連するもの）
・　政治活動に関する寄附金

寄附金控除とは、次の計算式で算定した金額を寄附者の年間所得から控除できることをいいます。

①、②のいずれか少ない金額　－　2,000 円
　①＝その年に支出した特定寄附金の合計額
　②＝その年の総所得金額等の 40%

2 税額控除

個人が一定の要件を満たす公益社団法人等へ寄附した場合は、次の計算式で算定した金額をその年分の所得税額から控除することができます（措法 41 の 18 の 3）。

税額控除の金額は、次の①、②のいずれか少ない金額です。

①　（その年中に支出した公益社団法人等に対する寄附金（一定の要件を満たすもの）の額の合計額－ 2,000 円）×40%
②　その年分の所得税額　×25%

一定の要件を満たす公益社団法人等とは、「運営組織及び事業活動が適正であること」及び「市民から支援を受けていること」の要件を満たしていることを行政庁から証明を受けた公益社団法人等をいいます（措令 26 の 28 の 2 ①一）。税額控除を受けることができる税額控除対象法人となった場合は、法人のホームページ等で「税額控除に係る証明書」を掲載していることが多いようです。なお、税額控除に係る証明書の有効期間は、行政庁から証明を受けた日から 5 年間となります。

【寄附金控除と税額控除】

寄附金控除	税額控除
(所得金額－寄附金控除額)×所得税率	所得金額×所得税率－税額控除額

税額控除を受けることができるかどうかは、公益法人制度についての内閣府及び都道府県の公式総合情報サイトである「公益法人information」(https://www.koeki-info.go.jp/) にて確認することができます。

参考として令和４(2022)年８月中に行政庁から承認を受けた公益社団法人等は33あり、次の表の通りです。

行政庁	法人名
奈良県	公益財団法人やまと学資財団
山形県	公益社団法人やまがた被害者支援センター
内閣府	公益財団法人山階鳥類研究所
新潟県	公益財団法人新潟工学振興会
内閣府	公益社団法人日本マリンエンジニアリング学会
山口県	公益社団法人山口県防犯連合会
内閣府	公益財団法人国際全人医療研究所
東京都	公益財団法人北海道在京学生後援会
京都府	公益財団法人京都府スポーツ協会
北海道	公益財団法人ふきのとう文庫
和歌山県	公益財団法人和歌山県防犯協議会連合会
東京都	公益財団法人岩陽学舎
内閣府	公益財団法人世界遺産賀茂御祖神社境内糺の森保存会
内閣府	公益財団法人ＡＬＳＯＫありがとう運動財団
群馬県	公益財団法人群馬県アイバンク
内閣府	公益社団法人青少年健康センター
島根県	公益財団法人鉄の歴史村地域振興事業団
内閣府	公益財団法人大阪観光局
内閣府	公益社団法人会社役員育成機構
内閣府	公益財団法人アシュラン国際奨学財団

神奈川県	公益財団法人報徳福運社
茨城県	公益社団法人茨城県森林・林業協会
新潟県	公益財団法人新潟県スポーツ協会
内閣府	公益社団法人企業市民協議会
内閣府	公益財団法人楽天未来のつばさ
内閣府	公益財団法人自然農法国際研究開発センター
内閣府	公益財団法人日本ばら会
埼玉県	公益財団法人埼玉県腎・アイバンク協会
内閣府	公益財団法人日本鳥類保護連盟
静岡県	公益財団法人静岡県アイバンク
愛知県	公益財団法人愛知腎臓財団
内閣府	公益財団法人早稲田奉仕園
島根県	公益社団法人島根県防犯連合会

※承認を受けた日付の早い順です。

3 有利なほうを選択

税額控除は、所得税額の25%と上限はあるものの、寄附金額から2,000円を控除した金額に40%を乗じた金額を控除します。そのため、所得税率が40%未満の方にとっては、税額控除のほうが控除額は大きくなり、税額控除を選択したほうが有利になります。

ただし、すべての公益社団法人等で税額控除を受けることができるわけではないので、税額控除を受けることができるかどうかは寄附する前に寄附する公益社団法人等のホームページや「公益法人information」にて確認する必要があります。

4 個人住民税の税額控除

個人が地域における住民の福祉の増進に寄与するものとして都道府県・市区町村が条例において指定する公益社団法人等へ寄附した場合には、住民税の税額控除を受けることができます（地法37の2①）。税額控除の金額は次の計算式で算定した金額です。

（①、②のいずれか少ない金額　－　2,000円）×10%(※)

①＝その年中に支出した公益社団法人等に対する寄附金の合計額

②＝その年の総所得金額等の30%

※・　都道府県が指定した寄附金は４％

・　市区町村が指定した寄附金は６％

・　都道府県と市区町村がともに指定した寄附金は10%

都道府県・市区町村が条例において指定する寄附金の「条例指定寄附金一覧」は、各都道府県・市区町村のホームページに公表されています。

第6章

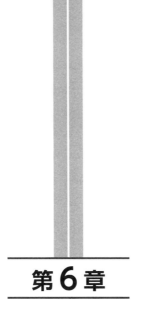

公益法人等と贈与税・相続税

6-1 公益法人等に対する贈与税・相続税

Q　公益法人等を利用した贈与税・相続税の租税回避行為を防止するための措置があると聞きました。
どのような措置なのか教えてください。

A　贈与税及び相続税の納税義務者は、相続税法において、原則として、財産の相続、遺贈、又は贈与を受けた「個人」と定められています（相法１の３、１の４ほか）。

ただし、高額財産の所有者が、実質的に支配している公益法人等に財産を贈与や遺贈により移転することで、贈与税や相続税の負担を不当に減少せしめることもありうることから、相続税法では、このような租税回避行為を防止するための措置が以下の通り設けられています。

	納税義務者	租税回避防止措置	法令
①	特別の利益を受ける者	特別の法人から受ける利益に対する課税	相法 65
②	公益法人等	人格のない社団又は財団等に対する課税	相法 66
③	特定一般社団法人等	特定の一般社団法人等に対する課税	相法 66 の 2

解説

1 特別の法人から受ける利益に対する課税

持分の定めのない法人で、その法人と特別の関係がある者に対し、財産の贈与等があった場合には、その利益を受ける特定の者に対して、贈与税又は相続税が課税されます。

その財産の贈与等により受ける利益の価額に相当する金額を、その持分の定めのない法人に対して贈与等を行った者から、特別の利益を受ける者が直接贈与等により取得したものとみなします。

なお、下記**2**の適用がある場合は、この措置の適用は除かれています。

この措置は、昭和24年のシャウプ勧告を受け、昭和25年から制定されています（「**6-2**　特別の法人から受ける利益に対する課税」91頁参照）。

2　人格のない社団又は財団等に対する課税

持分の定めのない法人に対する財産の贈与等をした者又はこれの者の親族等が、その持分の定めのない法人から特別の利益（贈与等を受けた法人の施設利用、余裕金の運用等）を受けているような場合には、財産の贈与等を受けたその持分の定めのない法人を「個人」とみなして、贈与税又は相続税が課税されます。

この措置は昭和25年から制定されています（「**6-3**　人格のない社団又は財団等に対する課税」95頁参照）。

3　特定の一般社団法人等に対する課税

この措置は、平成30年度税制改正により導入されました。

一般社団法人及び一般財団法人には持分が存在しないことから、法人が保有する財産が個人の財産に反映されることはありません。よって、その法人の役員を親族等で固め、実質的に個人がその財産を保有しているような状況であっても、個人間の財産移転を前提とする相続税法においては、半永久的に課税対象にならないということが問題視され、当該措置が制定されました。

一族により支配されているような一般社団法人や一般財団法人の理事が死亡した場合には、一族が実質的には財産を承継しているものと考え、その一般社団法人や一般財団法人を個人とみなして相続税が課税されます（「**6-7**　特定一般社団法人等に対する課税とは」110頁参照）。

6-2 特別の法人から受ける利益に対する課税

Q　特別の法人から受ける利益に対する課税について教えてください。

A　持分の定めのない法人に対する贈与や遺贈を介して、特定の者に対し特別の利益を与えることは、贈与者等から特別の利益を受ける者に対して贈与したことと変わりないため、これらの者に対して、実質的に受けた利益の額に対して課税するものです。

解説

1 持分の定めのない法人から受ける利益に対する相続税等の課税関係

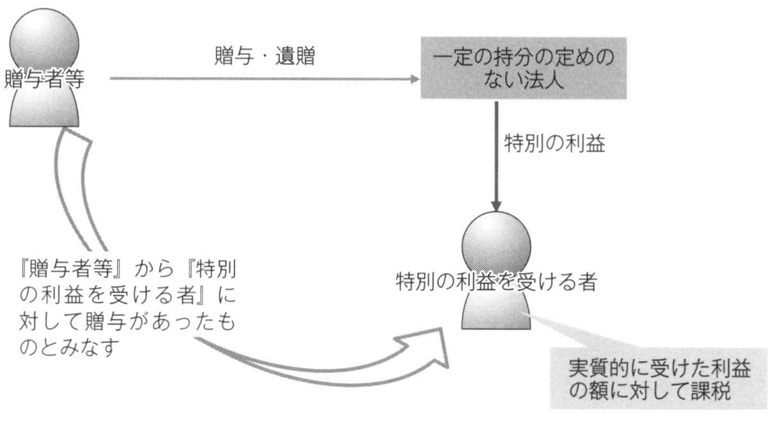

(1) 特別の利益を受ける者とは

「持分の定めのない法人」が、「特別の利益」を与える以下に掲げる者をいいます（相法65①）。

① 設立者
② 社員、理事、監事、評議員
③ 当該法人に対し贈与若しくは遺贈をした者
④ 上記①から③の親族や特別利害関係者（相法64①）

(2) 特別の利益とは

次の①～⑨について、当該法人から受ける特別の利益をいいます（相法65①、相令32）。

① 施設の利用
② 余裕金の運用
③ 解散した場合における残余財産の帰属
④ 金銭の貸付け
⑤ 資産の譲渡
⑥ 給与の支給
⑦ 役員等の選任
⑧ 財産の運用
⑨ 事業の運営

(3) 人格のない社団又は財団等に対する課税の優先適用

特別の利益を与える贈与や遺贈が、上記の相続税法第65条にも同法第66条第４項《人格のない社団又は財団等に対する課税》にも該当する場合には、第66条第４項が優先適用されます。

2　納税義務者・課税対象・課税時期

(1) 納税義務者

納税義務者は特別の利益を受ける者です。

(2) 課税対象

課税対象は贈与等により受ける利益の額です。

贈与等によって法人が取得した財産の価額そのものではなく、当該法人に対するその財産の贈与に関してその法人から特別の利益を受けたと認められる者が当該法人から受けた特別の利益の実態により評価します（昭和39年通達21《贈与税の非課税財産（公益を目的とする事業の用に供する財産に関する部分）及び持分の定めのない法人に対して財産の贈与等があった場合の取扱いについて》）。

(3) 課税時期

課税時期は持分の定めのない法人に対する贈与等があったときです。

3　持分の定めのない法人

持分の定めのない法人とは、例えば次の⑴及び⑵に掲げる法人をいいます（昭和39年通達13）。

⑴　定款、寄附行為若しくは規則（これらに準ずるものを含む。以下⑵において「定款等」という。）又は法令の定めにより、当該法人の社員、構成員（当該法人へ出資している者に限る。以下「社員等」という。）が当該法人の出資に係る残余財産の分配請求権又は払戻請求権を行使することができない法人

⑵　定款等に、社員等が当該法人の出資に係る残余財産の分配請求権又は払戻請求権を行使することができる旨の定めはあるが、そのような社員等が存在しない法人

【持分の定めのない法人の具体例】

一般社団法人、一般財団法人、公益社団法人、公益財団法人、持分の定めのない医療法人、学校法人、社会福祉法人、更生保護法人、宗教法人　他

4　人格のない社団又は財団等に対する課税の優先適用

本条（相法65）は、相続税法第66条第４項《人格のない社団又は財団等に対する課税》の適用がある場合には、除かれています。

よって、特別の利益を受ける者（設立者、社員、理事、監事、評議員、当該法人に対し贈与若しくは遺贈をした者、これらの者の親族や特別利害関係者）が、以下のいずれに該当するかによって、どちらが適用されるかが異なります。

特別の利益を受ける者と贈与等をした者との関係	関係法令
親族、その他これらの者と特別の関係がある者（相法64①）	相法66④ 人格のない社団又は財団等に対する課税
上記以外の者	相法65 特別の法人から受ける利益に対する課税

6-3 人格のない社団又は財団等に対する課税

Q 人格のない社団又は財団等に対する財産の贈与又は遺贈があった場合の課税について教えてください。

A

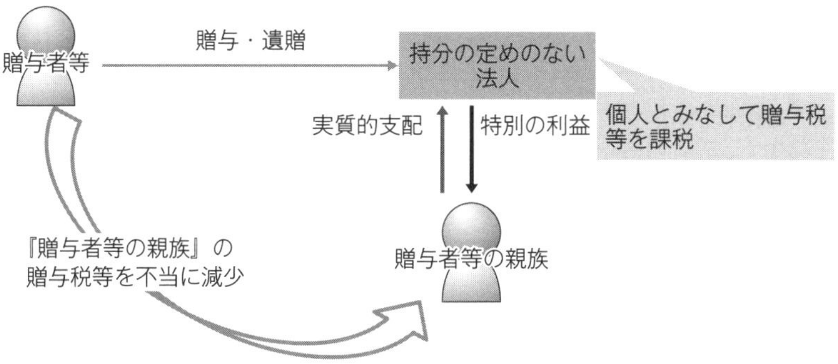

持分の定めのない法人に対する財産の贈与等により、贈与等をした者又はこれらの者の親族その他これらの者と特別の関係がある者が、当該法人の施設又は余裕金を私的に利用するなど当該法人から特別の利益を受けているような場合には、実質的には、当該贈与等をした者が当該贈与等に係る財産を有し、又は特別の利益を受ける者に当該特別の利益を贈与したのと同じこととなります。

したがって、当該贈与等をした者について相続が開始した場合には、当該財産は遺産となって相続税が課され、又は特別の利益を受ける者に対し贈与税が課されるのにもかかわらず、持分の定めのない法人に対し財産の贈与等をすることによりこれらの課税を免れることとなることに顧み、当該法人に対する財産の贈与等があった際に当該法人に贈与税を課することとしているものです（昭和39年通達12）。

解説

1　納税義務者・課税対象・課税時期

(1) 納税義務者

納税義務者は、個人とみなされた持分の定めのない法人です（相法66④）。

(2) 課税対象

課税対象は、贈与等に係る財産の価額です（相法66①④）。

(3) 課税時期

課税の時期は、持分の定めのない法人に贈与等があったときとされています（昭和39年通達17。詳細は下記「**5**　判定の時期」を参照）。

2　持分の定めのない法人

持分の定めのない法人の意義は、「**6-2**　特別の法人から受ける利益に対する課税」（91頁）を参照してください。

3　適用要件

以下の場合には、財産の贈与等を受けた持分の定めのない法人を個人とみなして、贈与税又は相続税を課税することとされています（相法66④）。

(1)　持分の定めのない法人に対して贈与又は遺贈があった場合

(2)　当該贈与又は遺贈により、当該贈与又は遺贈をした者の親族その他

これらの者と特別の関係がある者の相続税又は贈与税の負担が不当に減少する結果となるとき

4　相続税又は贈与税の負担が不当に減少する結果となるとき

相続税法施行令第33条第3項に規定する要件の全てを満たすときは、「相続税又は贈与税の負担が不当に減少する結果となると認められない」ものとされています。以下これを「不当減少に該当しない要件」といいます。

「不当減少に該当しない要件」については、「**6-4**　相続税等の不当減少に該当しない要件」(98頁) で詳述します。

5　判定の時期

相続税法第66条第4項の規定を適用するかどうかの判定は、相続税法施行令第33条第4項の規定に該当するかどうかの判定を除き、贈与等の時を基準としてその後に生じた事実関係をも勘案して行うものとされています。

贈与等により財産を取得した法人が財産を取得した時には、同令第33条第3項各号に掲げる要件を満たしていない場合においても、当該財産に係る贈与税の申告書の提出期限又は更正若しくは決定の時までに、当該法人の組織、定款、寄附行為又は規則を変更すること等により同項各号に掲げる要件を満たすこととなったときは、当該贈与等については相続税法第66条第4項の規定を適用しないこととして取り扱うこととされています (昭和39年通達17)。

6-4 相続税等の不当減少に該当しない要件

Q

前項**6-3**において、相続税法施行令第33条第３項に規定する要件の全てを満たすときは、「相続税又は贈与税の負担が不当に減少する結果となると認められない」ということがわかりました。

では、具体的にどのような要件なのか教えてください。

A

【不当減少に該当しない要件】

以下の要件をすべて満たすときは、相続税又は贈与税の負担を不当に減少する結果となることに該当しません（相令33③）。

①　運営組織が適正であり、役員等のうち親族等の占める割合がいずれも３分の１以下であること。

②　贈与者、設立者、役員等、その親族等に、特別の利益を与えないこと。

③　残余財産の帰属先が国や地方公共団体等であること。

④　法令を遵守していること。

以下、それぞれについてご説明します。

解説

1 運営組織が適正であり、役員等のうち親族等の占める割合がいずれも３分の１以下であること

運営が適正に行われるよう、それぞれの法人の人格ごとに、定款や寄附行為等において定めなければならない事項が決められています。

この点について、相続税法施行令では次のように規定しています。

【相続税法施行令第 33 条第 3 項第 1 号】

一　その運営組織が適正であるとともに、その寄附行為、定款又は規則において、その役員等のうち親族関係を有する者及びこれらと次に掲げる特殊の関係がある者（以下、「親族等」という。）の数がそれぞれの役員等の数のうちに占める割合は、いずれも 3 分の 1 以下とする旨の定めがあること。

イ　当該親族関係を有する役員等と婚姻の届出をしていないが事実上婚姻関係と同様の事情にある者

ロ　当該親族関係を有する役員等の使用人及び使用人以外の者で当該役員等から受ける金銭その他の財産によつて生計を維持しているもの

ハ　イ又はロに掲げる者の親族でこれらの者と生計を一にしているもの

ニ　当該親族関係を有する役員等及びイからハまでに掲げる者のほか、次に掲げる法人の法人税法第 2 条第 15 号（定義）に規定する役員又は使用人である者

⑴　当該親族関係を有する役員等が会社役員となつている他の法人

⑵　当該親族関係を有する役員等及びイからハまでに掲げる者並びにこれらの者と法人税法第 2 条第 10 号に規定する政令で定める特殊の関係のある法人を判定の基礎にした場合に同号に規定する同族会社に該当する他の法人

運営組織が適正であるか否かの判定は、昭和 39 年通達 15《その運営組織が適正であるかどうかの判定》によります。

具体的には、次に掲げる事実が認められるかどうかにより判定します。

【運営組織が適正であるか否かの判定】

①　法人の態様に応じ、定款等にそれぞれに掲げる事項が定められていること。

②　贈与等を受けた法人の事業の運営及び役員等の選任等が法令及び定款等に基づき適正に行われていること。

③　贈与等を受けた法人が行う事業が、原則として、その事業の内容に応じ、その事業を行う地域又は分野において社会的存在として認識される程度の規模を有していること。

なお、上記①について、一般財団法人と公益財団法人とを比較すると以下の通りとなり、公益財団法人のほうが要件が少ないことがわかります。

<table>
<tr><th colspan="2">その運営組織が適正であるかどうかの判定</th></tr>
<tr><th>一般財団法人</th><th>公益財団法人</th></tr>
<tr><td>(イ)　理事の定数は6人以上、監事の定数は2人以上、評議員の定数は6人以上であること。
(ロ)　評議員の定数は、理事の定数と同数以上であること。
(ハ)　評議員の選任は、例えば、評議員の選任のために設置された委員会の議決により選任されるなどその地位にあることが適当と認められる者が公正に選任されること。
(ニ)　理事会の決議は、次の(ヘ)に該当する場合を除き、理事会において理事総数（理事現在数）の過半数の決議を必要とすること。
(ホ)　評議員会の決議は、法令に別段の定めがある場合を除き、評議員会において評議員総数（評議員現在数）の過半数の決議を必要とすること。
(ヘ)　次に掲げるC及びD以外の事項の決議は、評議員会の決議を必要とすること。
　この場合において次のE及びF（事業の一部の譲渡を除く。）以外の事項については、あらかじめ理事会における理事総数（理事現在数）の3分の2以上の決議を必要とすること。
　なお、贈与等に係る財産が贈与等をした者又はその者の親族が会社役員となっている会社の株式又は出資である場合には、その株式又は出資に係る議決権の行使に当たっては、あらかじめ理事会において理事総数（理事現在数）の3分の2以上の承認を得ることを必要とすること。
A　収支予算（事業計画を含む。）
B　決算
C　重要な財産の処分及び譲受け</td><td>公益財団法人（整備法第40条第1項に規定する一般財団法人で同法第106条第1項（同法第121条第1項において読み替えて準用する場合による移行の登記をした法人を含む。）については、原則として、上記【運営組織が適正であるか否かの判定】の①に該当するものとして取り扱う。なお、この場合においては、次に掲げる事項が定款に定められていなければならないことに留意する。
(1)　相続税法施行令第33条第3項第1号に定める親族その他特殊の関係にある者に関する規定及び同項第3号に定める残余財産の帰属に関する規定
(2)　贈与等に係る財産が贈与等をした者又はこれらの者の親族が会社役員となっている会社の株式又は出資である場合には、その株式又は出資に係る議決権の行使に当たっては、あらかじめ理事会において理事総数（理事現在数）の3分の2以上の承認を得ることを必要とすること。</td></tr>
</table>

D　借入金（その事業年度内の収入をもって償還する短期の借入金を除く。）その他新たな義務の負担及び権利の放棄

E　定款の変更

F　合併、事業の全部又は一部の譲渡

(注)　一般社団法人及び一般財団法人に関する法律第153条第1項第7号《定款の記載又は記録事項》に規定する会計監査人設置一般財団法人で、同法第199条の規定において読み替えて準用する同法第127条の規定により同法第126条第2項の規定の適用がない場合にあっては、上記ロ(ヘ)のBの決算について、評議員会の決議を要しないことに留意する。

(ト)　役員等には、その地位にあることのみに基づき給与等を支給しないこと。

(チ)　監事には、理事（その親族その他特殊の関係がある者を含む。）及び評議員（その親族その他特殊の関係がある者を含む。）並びにその法人の職員が含まれてはならないこと。また、監事は、相互に親族その他特殊の関係を有しないこと。

(注)1　一般財団法人とは、次の(1)又は(2)の法人をいう。

(1)　一般社団法人及び一般財団法人に関する法律第163条《一般財団法人の成立》の規定により設立された一般財団法人

(2)　整備法第40条第1項の規定により存続する一般財団法人で、同法第121条第1項の規定において読み替えて準用する同法第106条第1項の移行の登記をした当該一般財団法人（同法

第131条第1項の規定により同法第45条の認可を取り消されたものを除く。) 2　上記ロの(イ)から(チ)までに掲げるほか、法施行令第33条第3項第1号に定める親族その他特殊の関係にある者に関する規定及び同項第3号に定める残余財産の帰属に関する規定が定款に定められていなければならないことに留意する。	

2 贈与者、設立者、役員等、その親族等に、特別の利益を与えないこと

贈与者や設立者、役員等に対して、施設の利用、余裕金の運用、解散した場合における財産の帰属、金銭の貸付、資産の譲渡、給与の支給、役員等の選任その他の財産の運用及び事業の運営に関して特別の利益を与えないことを求めています。

この点については次のように規定しています。

【相続税法施行令第33条第3項第2号】

二　当該法人に財産の贈与若しくは遺贈をした者、当該法人の設立者、社員若しくは役員等又はこれらの者の親族等（……「贈与者等」という。）に対し、施設の利用、余裕金の運用、解散した場合における財産の帰属、金銭の貸付け、資産の譲渡、給与の支給、役員等の選任その他財産の運用及び事業の運営に関して特別の利益を与えないこと。

「特別の利益を与えること」とは、下記のような場合には、これに該当するものと取り扱われます（昭和39年通達16）。

【昭和39年通達16（特別の利益を与えること)】

法施行令第33条第3項第2号の規定による特別の利益を与えることとは、具体的には、例えば、次の(1)又は(2)に該当すると認められる場合がこれに該当するものとして取り扱う。

(1)　贈与等を受けた法人の定款、寄附行為若しくは規則又は贈与契約書等において、次に掲げる者に対して、当該法人の財産を無償で利用させ、又は与えるなどの特別の利益を与える旨の記載がある場合

イ　贈与等をした者

ロ　当該法人の設立者、社員若しくは役員等
ハ　贈与等をした者、当該法人の設立者、社員若しくは役員等（以下「贈与等をした者等」という。）の親族
ニ　贈与等をした者等と次に掲げる特殊の関係がある者（次の(2)において「特殊の関係がある者」という。）
（イ）　贈与等をした者等とまだ婚姻の届出をしていないが事実上婚姻関係と同様の事情にある者
（ロ）　贈与等をした者等の使用人及び使用人以外の者で贈与等をした者等から受ける金銭その他の財産によって生計を維持しているもの
（ハ）　上記（イ）又は（ロ）に掲げる者の親族でこれらの者と生計を一にしているもの
（ニ）　贈与等をした者等が会社役員となっている他の会社
（ホ）　贈与等をした者等、その親族、上記(イ)から(ハ)までに掲げる者並びにこれらの者と法人税法第２条第10号に規定する政令で定める特殊の関係のある法人を判定の基礎とした場合に同号に規定する同族会社に該当する他の法人
（ヘ）　上記(ニ)又は(ホ)に掲げる法人の会社役員又は使用人

(2)　贈与等を受けた法人が、贈与等をした者等又はその親族その他特殊の関係がある者に対して、次に掲げるいずれかの行為をし、又は行為をすると認められる場合
イ　当該法人の所有する財産をこれらの者に居住、担保その他の私事に利用させること。
ロ　当該法人の余裕金をこれらの者の行う事業に運用していること。
ハ　当該法人の他の従業員に比し有利な条件で、これらの者に金銭の貸付をすること。
ニ　当該法人の所有する財産をこれらの者に無償又は著しく低い価額の対価で譲渡すること。
ホ　これらの者から金銭その他の財産を過大な利息又は賃貸料で借り受けること。
ヘ　これらの者からその所有する財産を過大な対価で譲り受けること、又はこれらの者から当該法人の事業目的の用に供するとは認められない財産を取得すること。
ト　これらの者に対して、当該法人の役員等の地位にあることのみに基づき給与等を支払い、又は当該法人の他の従業員に比し過大な給与等を支払うこと。
チ　これらの者の債務に関して、保証、弁済、免除又は引受け（当該法人の設立のための財産の提供に伴う債務の引受けを除く。）をすること。
リ　契約金額が少額なものを除き、入札等公正な方法によらないで、これらの者が行う物品の販売、工事請負、役務提供、物品の賃貸その他の事業に係る契約の相手方となること。
ヌ　事業の遂行により供与する利益を主として、又は不公正な方法で、こ

れらの者に与えること。

3 残余財産の帰属先が国や地方公共団体等であること

定款等において、当該法人が解散した場合にその残余財産が国若しくは地方公共団体又は公益社団法人若しくは公益財団法人等に帰属する旨の定めがあることを求めています。

この点については次のように規定しています。

【相続税法施行令第 33 条第３項第３号】
三　その寄附行為、定款又は規則において、当該法人が解散した場合にその残余財産が国若しくは地方公共団体又は公益社団法人若しくは公益財団法人その他の公益を目的とする事業を行う法人（持分の定めのないものに限る。）に帰属する旨の定めがあること。

4 法令を遵守していること

この点については次のように規定しています。

【相続税法施行令第 33 条第３項第４号】
四　当該法人につき法令に違反する事実、その帳簿書類に取引の全部又は一部を隠蔽し、又は仮装して記録又は記載をしている事実その他公益に反する事実がないこと。

6-5 一般社団法人等に対する贈与等の不当減少に該当しない要件

Q

財産を取得した法人が一般社団法人又は一般財団法人である場合、相続税又は贈与税の負担が不当に減少する結果と認められないためには、前記「**6-4**　相続税等の不当減少に該当しない要件（相法33③）」の他にも満たさなければならない要件があると聞きました。

具体的な要件と相続税法施行令第33条第3項との関係を教えてください。

A

一般社団法人又は一般財団法人（非営利型法人を除く。以下「一般社団法人等」という。）が財産を取得した場合に相続税又は贈与税の負担が不当に減少する結果と認められないためには、相続税法施行令第33条第4項に規定する要件を満たさねばならないとされています。

解説

1 一般社団法人等に対する贈与等の不当減少に該当しない要件

一般社団法人等が以下の要件のいずれかを満たさないときは、相続税等の負担を不当に減少する結果となると認められるものとされます（相令33④）。この要件は平成30年度税制改正で導入されました。

①　当該贈与又は遺贈の時におけるその定款において、次の定めがあること。

イ　役員等のうち親族等の数がそれぞれの役員等のうちに占める割合は、いずれも3分の1以下とする定め

ロ　解散した場合にその残余財産を国や地方公共団体等に帰属する旨の定め

② 当該贈与又は遺贈前3年以内に、当該一般社団法人等に係る贈与者等に対して特別の利益を与えたことがなく、かつ、当該贈与又は遺贈の時におけるその定款において特別の利益を与える旨の定めがないこと。

③ 当該贈与又は遺贈前3年以内に、国税又は地方税について重加算税又は重加算金を課されたことがないこと。

2 相続税法施行令第33条第3項との関係

(1) 一般社団法人等以外の持分の定めのない法人

従来どおり相続税法施行令第33条第3項によって不当減少要件の該当性を判定します。

(2) 一般社団法人等

まず、相続税法施行令第33条第4項によって不当減少要件の該当性を判断し、1つでも該当すると不当減少に該当するものと判定されます。この要件を全て満たした場合には、次に同条第3項の規定による不当減少要件の該当性の判定を行い、全て満たしていれば、不当減少に該当しないものとされます。

不当減少に該当しない要件の判定フローチャートは次の通りです。

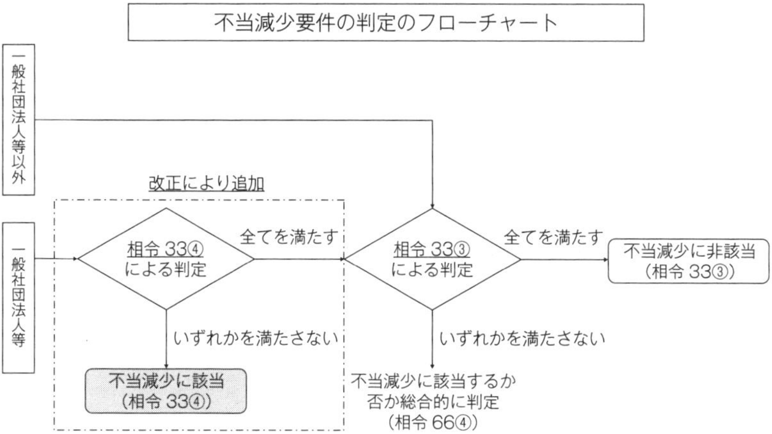

出典：「平成30年度税制改正の解説」578頁（財務省HP）

3　一般社団法人等に対する贈与等の不当減少に該当しない要件が追加導入された背景

以下を鑑みると、一般社団法人等は他の持分の定めのない法人よりも相続税の租税回避に用いられやすいと想定されることから、当該要件は導入されました。

・　準則主義により容易に設立が可能であること。
・　主務官庁の監督がないこと。
・　役員に占める親族割合が制限されていないこと。
・　剰余金の分配はできないものの、解散時に残余財産を分配することも可能であること。

6-6 不当減少とされた場合の税金の計算方法

Q　相続税法第66条第4項により、贈与又は遺贈をした者の親族等の相続税又は贈与税の負担が不当に減少にする結果となると認められた場合の課税関係について教えてください。

法人税と相続税又は贈与税の二重課税になるのではないかと心配です。

A　法人税と相続税又は贈与税が二重課税とならないよう、相続税又は贈与税から法人税額等の額を控除することができます（相法66⑤）。

具体的な税額の計算手順は以下の通りです。

解説

(1) 遺贈の場合（相続税から控除するケース）

① 相続税の総額を計算

② 控除される法人税額等を計算

イからロを控除した金額を所得金額ハとみなして、法人税額等を計算します。

イ　遺贈財産価額（益金）

ロ　翌期控除事業税相当額（イにかかる事業税所得割）

ハ　イ△ロ＝所得金額

③ 各人の相続税額の計算

持分の定めのない法人に対する相続税額から、②で算出した法人税額等を控除します。

(2) 贈与の場合（贈与税から控除するケース）

①　贈与税額の計算

②　控除される法人税額等を計算（上記(1)②と同様）

③　贈与税額の計算

①で算出した贈与税額から、②の法人税額等を控除します。

【参考】

措置法第40条との関係について（持分の定めのない法人等に対する贈与税課税の納税猶予）

相続税法第66条第4項の規定の適用を受ける場合に、贈与等をした者の譲渡所得について措置法第40条の規定による承認申請書の提出がされた場合においても、課税の猶予はされません（昭和39年通達19）。

6-7 特定一般社団法人等に対する課税とは

Q

特定の一般社団法人等の理事が死亡した場合において、当該一般社団法人等を個人とみなして相続税が課税される制度があると聞きました。

どのような制度なのか教えてください。

A

特定一般社団法人等に対する課税とは、一般社団法人等の理事である者（一般社団法人等の理事でなくなった日から５年を経過していない者を含む。以下「一般社団法人等の理事である者等」という。）が死亡した場合において、その一般社団法人等が特定一般社団法人等に該当するときは、その特定一般社団法人等は次の金額に相当する金額をその死亡した者（以下「被相続人」という。）から遺贈により取得したものと、その特定一般社団法人等は個人と、それぞれみなされ、その特定一般社団法人等に相続税が課税される制度です。

この制度は平成30年度税制改正で導入されました。

【取得したものとみなされる金額】

$$\frac{\text{相続開始の時における特定一般社団法人等の純資産額}}{\text{相続開始の時における同族理事の数}+1}$$

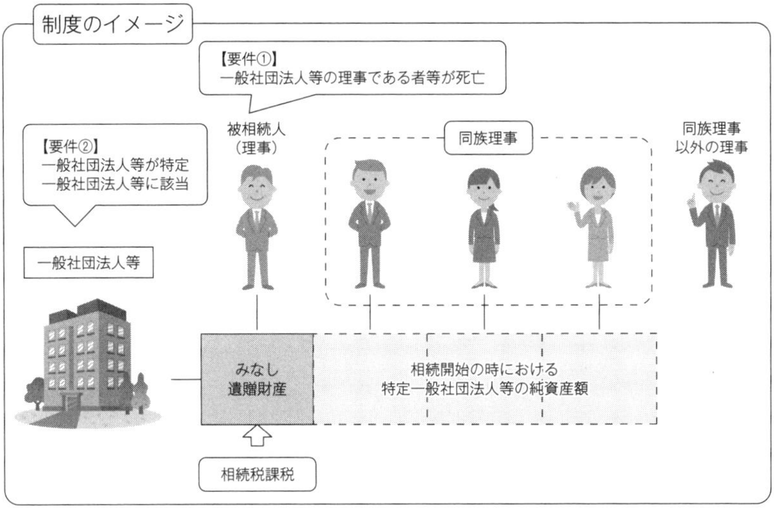

（出典：国税庁 HP　特定の一般社団法人等に対する相続税の課税の概要リーフレット R2 年 7 月を一部変更）

解説

1　制度創設の背景

平成 18 年に公益法人制度改革が行われ、平成 20 年 12 月に新制度が施行されました。

それまでの公益法人制度は、主務官庁による設立の許可が必要とされ、法人格の取得と公益性の判断が一体化されていました。旧制度では主務官庁ごとに判断されることから、公益性の判断基準が不明確であることが指摘され、法人の設立と公益性の判断が分離されました。

新制度では、公益性の有無にかかわらず、準則主義（登記）により簡便に設立できる一般社団法人及び一般財団法人の制度が導入されました。

上記目的のために導入された一般社団法人及び一般財団法人ですが、株式会社とは異なり株式のような持分がないことから、これを利用して、相続税の負担を回避するような動きが見られました。

このような租税回避行為を防止するため、本制度が導入され、一族で実質的な支配をしている一般社団法人及び一般財団法人では、理事の死亡により支配権の承継を通じた実質的な財産の承継が行われているものと考え、一般社団法人及び一般財団法人に対して相続税が課税されることになりました。

2　納税義務者：特定一般社団法人等

一般社団法人及び一般財団法人のうち、公益法人や非営利型の一般社団法人等を除いた法人を一般社団法人等とし、一般社団法人等のうち、以下の要件の全てを満たすものを特定一般社団法人等といいます。

この特定一般社団法人等が本制度の納税義務者になります。

【特定一般社団法人等の要件】

一般社団法人等のうち、次に掲げる要件のいずれかを満たすものを特定一般社団法人等といいます（相法66の2②三）。

①　被相続人の相続開始の直前におけるその被相続人に係る同族理事の

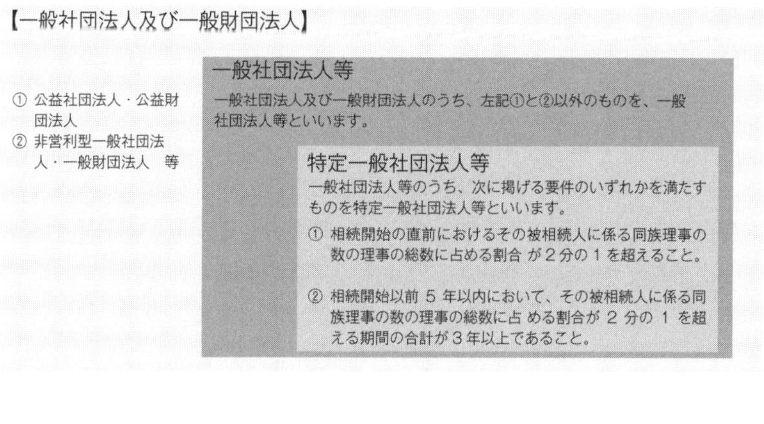
【一般社団法人及び一般財団法人】
① 公益社団法人・公益財団法人
② 非営利型一般社団法人・一般財団法人　等
一般社団法人等
一般社団法人及び一般財団法人のうち、左記①と②以外のものを、一般社団法人等といいます。
特定一般社団法人等
一般社団法人等のうち、次に掲げる要件のいずれかを満たすものを特定一般社団法人等といいます。
① 相続開始の直前におけるその被相続人に係る同族理事の数の理事の総数に占める割合が２分の１を超えること。
② 相続開始以前５年以内において、その被相続人に係る同族理事の数の理事の総数に占める割合が２分の１を超える期間の合計が３年以上であること。

数の理事の総数のうちに占める割合が２分の１を超えること。

② 被相続人の相続の開始前５年以内においてその被相続人に係る同族理事の数の理事の総数に占める割合が２分の１を超える期間の合計が３年以上であること。

3 課税対象：遺贈により取得したとみなす金額（純資産額）

一般社団法人等の理事である者等が死亡した場合に課税される相続税は、死亡した理事がその法人の財産を同族関係のある理事によって均等に支配していたものと考え、その理事の死亡に係る相続開始の時における、その特定一般社団法人等の純資産額をその時における同族理事の数に１を加えた数で除して計算した金額を相続税の課税価格として計算します（相法66の2①）。

相続開始時においては、被相続人は死亡しているため、同族理事には該当しません。よって、相続開始時における同族理事の数は、相続開始直前に被相続人が同族理事に該当していても、被相続人を含まない数となります。

【純資産額の判定】

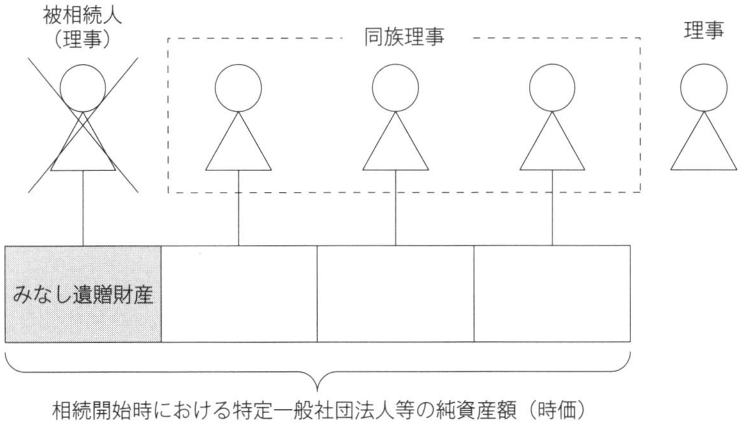

（出典：財務省HP平成30年度税制改正の解説）

【純資産額の算定方法】

次表の①から②を控除した残額が純資産額です（相令34①）。

①	【財産の価額】 以下を除いた財産の価額の合計額 イ　信託の受託者として有する財産 ロ　被相続人から遺贈により取得した財産
②	【負債等の額】 以下の合計額 イ　相続開始時に現に存する債務の額 ロ　国税・地方税で相続開始以前に納税義務が成立したもの ハ　被相続人の死亡退職金 ニ　被相続人の相続開始の時における基金の額

4　同族理事

本制度の納税義務者となる特定一般社団法人等とは、特定の一族に私的な支配を受けていると考えられるものが対象となっています。よって、特定の一族が理事に占める割合が高いか否かにより判定されます。

同族理事とは、一般社団法人等の理事のうち、次に掲げるものをいいます（相法66の2②二、相令34③）。

イ　被相続人

ロ　被相続人の配偶者

ハ　被相続人の三親等内の親族

ニ　被相続人と婚姻の届出をしていないが事実上婚姻関係と同様の事情にある者

ホ　被相続人の使用人等

ヘ　上記ニ及びホに掲げる者と生計を一にしているこれらの者の配偶者又は三親等内の親族

ト　上記ロからヘまでに掲げる者のほか、次に掲げる法人の会社役員又は使用人である者

ⅰ．被相続人が会社役員となっている他の法人

ⅱ．被相続人及び上記ロからヘまでに掲げる者並びにこれらの者と特

殊の関係がある法人を判定の基礎にした場合に同族会社に該当する他の法人

「被相続人と特殊の関係がある者」の範囲

「同族理事」には、被相続人のほか、以下に該当する理事が含まれる。
① 被相続人の配偶者又は３親等内の親族
② 被相続人と事実上婚姻関係と同様の事情にある者（事実婚の配偶者）
③ 被相続人の使用人（個人事業者の従業員など）・被相続人から受ける金銭等により生計を維持している者
④ ②又は③の者と生計を一にする配偶者又は３親等内の親族
⑤ 次の法人の役員又は使用人（従業員）　イ　被相続人が役員となっている法人
ロ　被相続人の同族会社

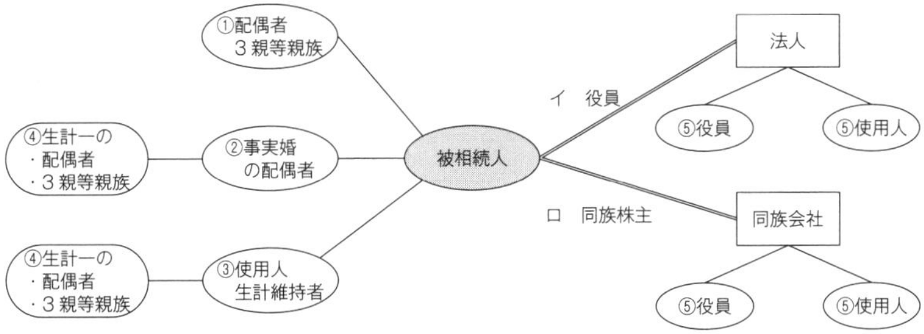

（出典：財務省 HP 平成 30 年度税制改正の解説）

第7章

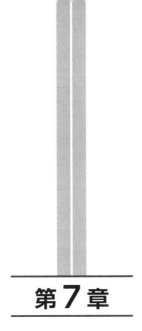

措置法第40条、第70条の取扱い

7-1 措置法第 40 条、第 70 条とはどのような規定か

Q　個人が公益法人等に対して財産を寄附した場合に、本来は課税される税金が非課税になる制度があると聞きました。どのような制度なのか教えてください。

A　個人が公益法人等に対して現金以外の財産の寄附を行った場合には、原則、時価で譲渡したものとみなして譲渡所得税が課税（所法 59 ①一）されます。この譲渡所得税を非課税にする制度を定めているのが、租税特別措置法第 40 条（以下「措置法第 40 条」という。）です。

個人が相続した財産を公益法人等に対して寄附を行った場合には、原則、相続人が被相続人から相続した財産に対して相続税が課された後、相続人が寄附を行います。この相続税を非課税にする制度を定めているのが、租税特別措置法第 70 条（以下「措置法第 70 条」という。）です。

【措置法第 40 条イメージ】

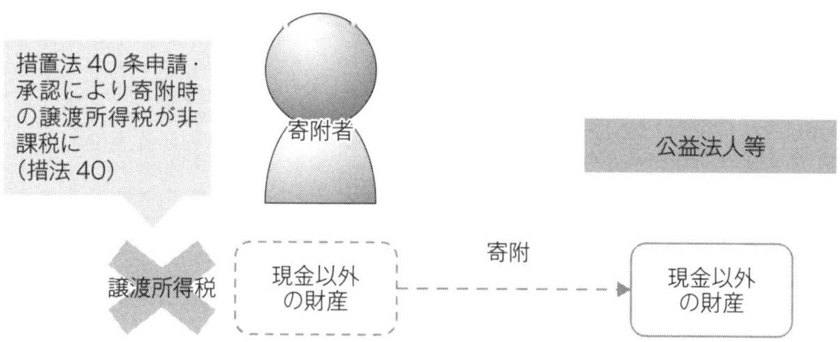

【措置法第 70 条イメージ】

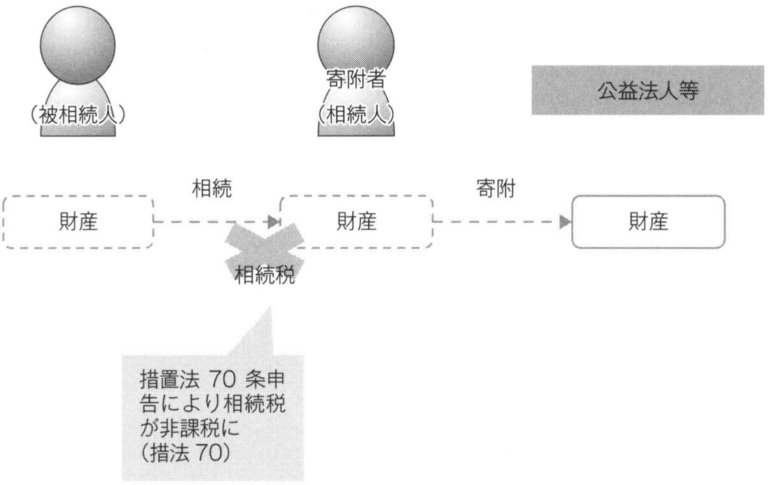

解　説

1　贈与又は遺贈に係る譲渡所得税を非課税にする措置

(1)　原則的な取扱い

個人が土地、建物、株式などの現金以外の財産（事業所得の起因財産を除く。）を法人に寄附した場合には、原則、寄附時の時価で譲渡したものとみなされて、これらの財産の取得時から寄附時までの含み益に対して譲渡所得税が課税（以下「みなし譲渡所得課税」という。）されます（所法 59 ①一、所基通 59-1、「**7-2**　個人が財産を寄附（贈与又は遺贈）した場合の課税の原則」121 頁参照）。

(2)　措置法第 40 条による例外的な取扱い

①　寄附先が国や地方公共団体の場合

財産の寄附はなかったものとみなされ、みなし譲渡課税は行われません（措法 40 ①前段）。

②　寄附先が公益財団法人などの公益を目的とする公益法人等の場合

民間が担う公益活動を促進する観点から、その寄附が教育又は科学の振興、文化の向上、社会福祉への貢献その他公益の増進に著しく寄与すること等、一定の要件を満たすものとして国税庁長官の承認を受けたときは、みなし譲渡所得課税を行わないものとされています（措法40①後段、「**7-3**　措置法第40条による非課税制度」124頁及び「**7-4**　措置法第40条の適用要件の概要」132頁参照）。

措置法第40条における公益法人等とは、同条第1項後段に規定する「公益法人等」をいいます。

2　相続税を非課税にする措置

(1)　原則的な取扱い

相続又は遺贈により財産を取得した者は、その相続又は遺贈により取得した財産に対して、相続税が課税されます。

(2)　措置法第70条による例外的な取扱い

相続又は遺贈により財産を取得した者が、相続等した財産をその相続税の申告期限までに、国若しくは地方公共団体又は公益法人等の公益を目的として事業を行う法人で一定の公益の増進に寄与するものとして定められるものに贈与（死因贈与を除く。）をした場合、相続税は課税されないものとされています（措法70①⑩、措令40の3）。

措置法第70条における公益法人等とは、同条第1項に規定する「公益社団法人若しくは公益財団法人その他の公益を目的とする事業を行う法人のうち、教育若しくは科学の振興、文化の向上、社会福祉への貢献その他公益の増進に著しく寄与するものとして政令で定めるもの」をいいます。

7-2 個人が財産を寄附（贈与又は遺贈）した場合の課税の原則

Q　個人が財産を寄附（贈与又は遺贈）したときの課税関係を教えてください。

A　寄附（贈与又は遺贈）の相手先が個人なのか法人なのかによって、課税関係が異なります。

個人から個人に対して寄附が行われた場合には、財産を受領した者に対し、贈与税が課されます。

一方、個人から法人に対して寄附が行われた場合には、寄附を行った者に対し、寄附財産を時価で譲渡したものとみなして、譲渡所得税が課されます（所法59①一）。

【個人に対する寄附（贈与又は遺贈）】

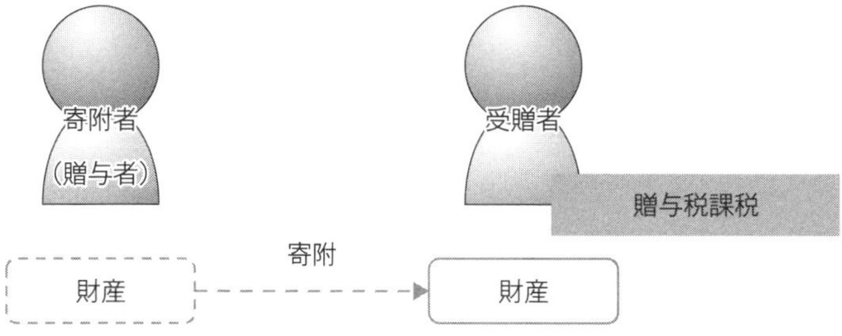

【法人に対する寄附（贈与又は遺贈）】

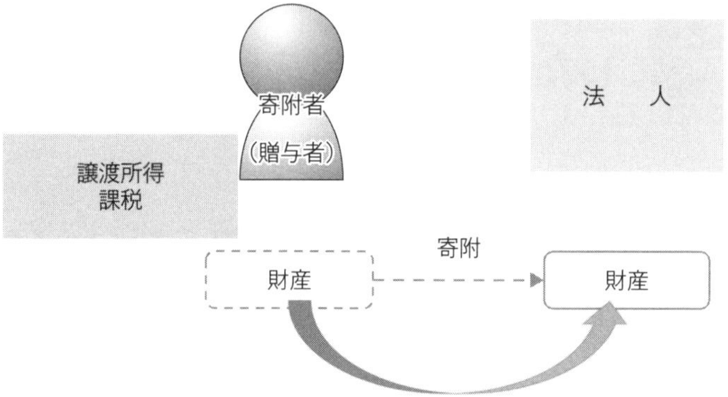

解 説

1　贈与等の場合の譲渡所得等の特例の概要

この規定は、譲渡所得の対象となる資産に以下の事由が生じた場合に、その時の時価により譲渡があったものとみなし、その資産の所有期間中における値上がり益（キャピタル・ゲイン）に対して、その所有者であった贈与者又は被相続人に譲渡所得税を課税する制度です（所法59①）。

【所得税法第59条第1項の対象となる事由】

①　法人に対する贈与又は遺贈（死因贈与を含む。）
②　法人に対する時価の2分の1未満の対価による譲渡
③　個人に対する限定承認に係る相続又は包括遺贈による移転

2　みなし譲渡所得課税の導入経緯

みなし譲渡所得課税は、昭和24年のシャウプ使節団日本税制報告書（いわゆる「シャウプ勧告」）により行われた昭和25年法律第71号の「所得税の一部を改正する法律」により、はじめて設けられました。

シャウプ勧告は、キャピタル・ゲインに対し無制限的に課税が延期されることを防止する観点から、相続や贈与によって資産の移転があった場合においても、これを時価により譲渡があったものとみなして、それまでに生じている値上がり益に対して課税する方法を勧告しました。これに基づき、昭和25年の改正において、低額譲渡を含めて時価によるみなし譲渡所得課税の制度が創設されました。

3　寄附行為によるみなし譲渡所得課税

民法上の本来の贈与には寄附行為は含まれませんが、贈与と同様の経済的実質を有すると認められる一般財団法人や公益財団法人等に対する財産の拠出は、所得税法第59条第1項第1号に定める贈与に含むものとされています。

7-3 措置法第40条による非課税制度

Q 個人から公益法人等に対して寄附を行った際に課税される、みなし譲渡所得税を非課税にする制度について教えてください。

A 所得税法第59条第1項に基づき課税される、みなし譲渡所得税を非課税にする制度は、租税特別措置法第40条に定められています。

個人から法人に対して行う寄附は、みなし譲渡所得税が課税されます。しかし、寄附先が国又は地方公共団体である場合には、その寄附はなかったものとみなされ、みなし譲渡所得税は課税されません（措法40①前段）。

また、寄附先が公益法人等である場合にも、一定の要件を満たすものとして国税庁長官の承認を受けたときは、みなし譲渡所得税は課税されません（措法40①後段）。

ここでは、公益法人等に対して寄附を行った場合の取扱い（措法40①後段）のうち、寄附者自らが公益法人等の役員を務めるケースに適用される一般特例（措令25の17⑤）を中心にご説明します。

なお、いったん国税庁長官の承認を受けた財産の寄附についても、一定の要件を満たさないこととなった場合には、国税庁長官はその承認を取り消すことができることとされているため、注意が必要です（「**7-10** 措置法第40条の承認の取消し」165頁参照）。

【措置法第 40 条前段：国又は地方公共団体に対するもの】

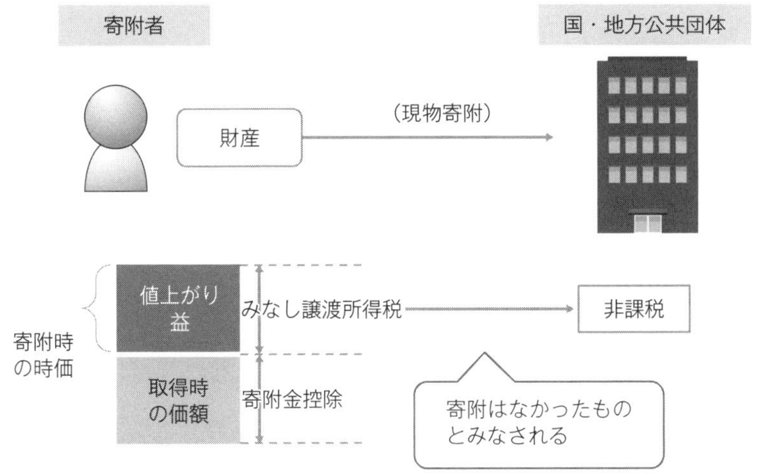

【措置法第 40 条後段：公益法人等】

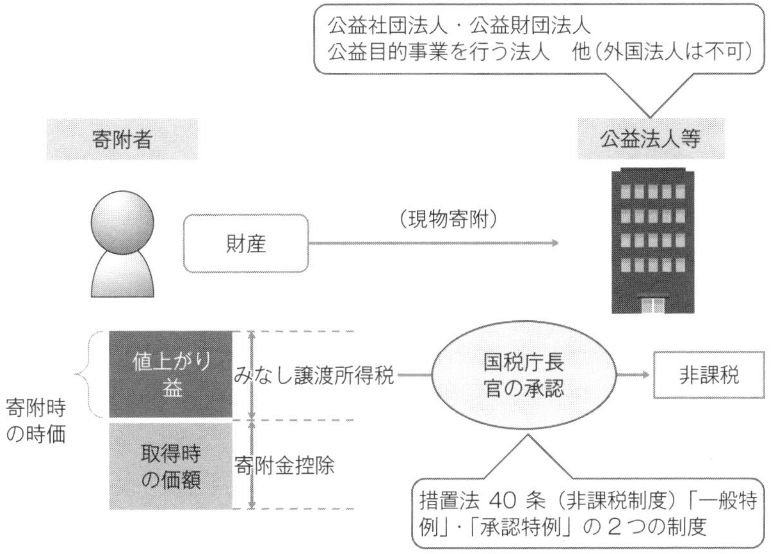

（出典：国税庁 HP「公益法人等に財産を寄附した場合における譲渡所得等の非課税の特例のあらまし」を一部加工）

解説

1 措置法第40条第1項後段の規定による非課税制度の種類

寄附先が公益法人等である場合のみなし譲渡所得税の非課税承認制度には、対象法人や承認要件が異なる「一般特例」と「承認特例」の2つがあります（措法40①後段）。

「一般特例」とは、公益法人等に対して、財産を寄附した場合に、当該寄附が公益の増進に著しく寄与すること等、一定の要件を満たすものとして国税庁長官の承認を受けたときに、みなし譲渡所得税が非課税となる制度です。

「承認特例」とは、承認特例対象法人に対して、財産を寄附した場合に、寄附者が受贈法人の役員等に該当しない等の要件を満たすものとして非課税承認を受けたときに、みなし譲渡所得税が非課税となる制度です。当該制度には、自動承認の仕組みが設けられており、承認申請書の提出があった日から1か月（又は3か月※）以内に承認又は承認しないことの決定がなかったときには自動承認されます。

よって、寄附者が公益法人等を設立し、かつ、公益法人等の役員を務める場合には、「一般特例」による承認を受けます。

国税庁のホームページで公表している「公益法人等に財産を寄附した場合における譲渡所得等の特例のあらまし（令和2年6月）」では、それぞれの対象法人や承認要件が、以下のとおりまとめられています。

※　特定国立大学法人等以外の承認特例対象法人に対する一定の株式等の寄附の場合には、3か月以内となります。

【公益法人等に財産を寄附した場合における譲渡所得等の特例のあらまし（令和２年６月）】

	一般特例	承認特例
対象となる法人	公益社団法人、公益財団法人、特定一般法人(※1)、その他の公益を目的とする事業を行う法人（例えば、社会福祉法人、学校法人、宗教法人やNPO法人など）（以下「公益法人等」という。）	公益法人等のうち、国立大学法人等(※2)、公益社団法人、公益財団法人、学校法人(※3)、社会福祉法人及び認定NPO法人等(※4)（以下「承認特例対象法人」という。）
承認要件（概要）	次の要件を全て満たすこと(※5) 1　寄附が公益の増進に著しく寄与すること 2　寄附財産が、寄附日から2年を経過する日までの期間内に寄附を受けた公益法人等の公益目的事業の用に直接供され、又は供される見込みであること 3　寄附により、寄附をした人の所得税又は寄附をした人の親族等の相続税や 贈与税の負担を不当に減少させる結果 とならないと認められること	次の要件を全て満たすこと(※6) 1　寄附をした人が寄附を受けた法人の役員等及び社員並びにこれらの人の親族等に該当しないこと 2　寄附財産について、一定の基金若しくは基本金に組み入れる方法により管理されていること又は不可欠特定財産に係る 必要な事項が定款で定められていること 3　寄附を受けた法人の理事会等において、寄附の申出を受け入れること及び上記2の組み入れ又は不可欠特定財産とすることが決定されていること
自動承認	なし	あり

※1　「特定一般法人」とは、一般社団法人及び一般財団法人のうち法人税法に掲げる一定 の要件を満たすものをいいます。

※2　「国立大学法人等」とは、国立大学法人、大学共同利用機関法人、公立大学法人、独 立行政法人国立高等専門学校機構及び国立研究開発法人をいい、国立大学法人等のうち 法人税法別表第一に掲げるものを「特定国立大学法人等」といいます。

※3　私立学校振興助成法第 14 条第1項に規定する学校法人で学校法人会計基準に従い会計処理を行うものに限ります。

※4　「認定NPO法人等」とは、特定非営利活動促進法第2条第3項に規定する認定特定 非営利活動法人及び同条第4項に規定する特例認定特定非営利活動法人をいいます。

※5　法人税法別表第一に掲げる独立行政法人、国立大学法人などに対する寄附である場合 の一般特例の承認要件は、要件2のみになります。
※6　特定国立大学法人等に対する寄附である場合の承認特例の承認要件は、要件2及び要件3となります。
※7　博物館等を運営する独立行政法人等（法人税法別表第一に掲げる独立行政法人並びに 博物館等の設置及び管理の業務を主たる目的とする地方独立行政法人をいう。）に対する寄附について、次の事項を証する文部科学大臣の書類を添付した承認申請書の提出があった場合において、その承認申請書の提出があった日から1か月以内にその申請 について非課税承認がなかったとき、又は非課税承認をしないことの決定がなかったときは、その申請について非課税承認があったものとみなされます（措令25の17⑧一）。
・　その寄附財産が、一定の有形文化財（建造物等を除く。）に該当すること
・　その寄附財産が、その寄附があった日から2年を経過する日までの期間内に、その 寄附を受けた独立行政法人等の公益目的事業（文化観光拠点施設を中核とした地域における文化観光の推進に関する法律に基づく認定を受けた一定の事業としてその認定を受けた独立行政法人等が有する文化観光拠点施設において行うものに限る。）の用に直接供され、又は供される見込みであること

2　みなし譲渡所得税の非課税承認制度「一般特例」の対象法人

(1) 対象法人

みなし譲渡所得税の非課税承認制度「一般特例」の対象となる法人は次のとおりです。

①　公益社団法人
②　公益財団法人
③　特定一般法人（一般社団法人又は一般財団法人の非営利型法人のうち、非営利徹底型の法人）（「**1-5**　非営利型法人の概要」15頁、「**4-2**　非営利型法人の詳細」58頁参照）
④　その他公益を目的とする事業を行う法人

(2) その他公益を目的とする事業を行う法人の判定基準

上記**(1)**④の「その他公益を目的とする事業」であるか否かは、次のとおりに判定します（措法40条通達1）。

①　定款、寄附行為又は規則（これらに準ずるものを含む。）により公益を目的として行うことを明らかにして行う事業
②　①に掲げる事業を除くほか、社会一般において公益を目的とする事業とされている事業

(3) 外国法人は対象外

外国の公益法人等に対する寄附が措置法第40条の対象外とされている理由は、その財産が、その外国の公益法人等の公益目的事業の用に供されているかどうか、その確認が現実的には難しいという事情を考慮したものです（措法40①）。

(4) 人格のない社団等は対象外

人格のない社団等に対する寄附は、原則として措置法第40条の対象外とされています。ただし例外として、公益法人等を設立するために設けられた設立準備委員会等で一定の要件を満たしているものに対する寄附は対象に含まれます（措法40条通達3）。

3　みなし譲渡所得税の非課税承認制度「一般特例」の対象資産

(1) 対象資産

当該非課税承認制度は、所得税法第59条第1項第1号のみなし譲渡所得課税の適用についての特例措置であるため、この制度の対象となる資産は、個人の有する次の資産に限定されています。

①　山林（事業所得の起因となるものを除く。）
②　譲渡所得の起因となる資産

②の「譲渡所得の起因となる資産」とは、棚卸資産その他営利を目的として継続的に譲渡される資産、山林（立木）、金銭債権を除いた一切の資産をいいます（所法33、所令81、所基通33-1）。

(2) 対象外資産

①　国外にある土地・借地権・建物・建物附属設備・構築物

国外にある土地建物等は、公益法人等の公益目的事業の用に直接供されているか、その確認が現実的に難しいことから、対象外とされています（措令25の17②）。

②　画家が自ら作成した絵画や彫刻

自ら作成した絵画や彫刻は、原則として、所得税法第33条第２項第１号に定めるたな卸資産に該当するため、対象外となります。

③　公益目的事業の用に直接供せない資産

例えば、次のようなものが該当します（措法40条通達13）。

・　賃貸用不動産
・　配当が出ていない株式
・　美術館を設置運営する法人以外の法人が寄附を受ける美術品

4　みなし譲渡所得税の非課税承認制度「一般特例」の対象となる寄附

(1) 贈与又は遺贈

当該非課税承認制度の対象となる寄附は、贈与又は遺贈（以下「贈与等」という。）です。公益法人等を設立するための財産の出捐も含まれます（措法40①）。

(2) 遺贈と同様に取り扱う場合

以下に掲げる場合には、公益法人等が遺贈により財産を取得したものと同様に取り扱うことができるとされています（措法40条通達２）。

①　公益法人の設立の許可申請中に、その公益法人に財産を提供することとなっていた者について、相続が発生したため、相続財産の全部又

は一部が、設立の許可によりその公益法人に帰属した場合

② 公益法人の設立の認可申請前に、その公益法人に財産を提供しようとしていた者について相続が開始したため、その相続人が被相続人の意思に基づいて相続財産の全部又は一部をその公益法人に帰属させた場合において、一定の要件を満たした場合

(3) 負担付贈与は対象外

贈与等に伴い、寄附者から公益法人等に対し債務を承継させることは、寄附財産も含めた債務引受けによる有償譲渡となります。よって、無償移転について適用される非課税承認制度の適用を受けられなくなってしまうため、注意が必要です（措法40①）。

7-4 措置法第40条の適用要件の概要

Q　財団法人を設立し、財産を寄附（贈与又は遺贈）したいと考えています。
　みなし譲渡所得税の非課税承認制度（措法40）のうち、「一般特例」の適用を受けられるための要件を教えてください。

A　みなし譲渡所得税の非課税承認制度（措法40）「一般特例」の適用を受けるためには、以下の要件を全て満たし、国税庁長官の承認を受けることが必要です。

解説

要件は大きく分けて3つあります（措法40①後段、措令25の17⑤⑥）。

【要件1：公益の増進に著しく寄与するか】

贈与又は遺贈が、教育又は科学の振興、文化の向上、社会福祉への貢献その他公益の増進に著しく寄与すること。

※　判定要件

当該要件を満たしているかの判定は、以下の4つの事項について、それぞれの要件を満たしているかどうかにより判定されます（措法40条通達12）。

①　公益目的事業の規模

公益目的事業を行う地域又は分野において社会的存在として認識される程度の規模を有すること。

②　公益の分配

それを必要とする者の現在又は将来における勤務先、職業などにより制限されることなく、公益を必要とするすべての者に与えられるなど公益の分配が適正に行われること。

③　**事業の営利性**

・　公益の対価がその事業の遂行に直接必要な経費と比べて過大でないこと。

・　公益目的事業の運営が営利企業的に行われている事実がないこと。

④　**法令の遵守等**

事業の運営につき、法令に違反する事実その他公益に反する事実がないこと。

【要件2：寄附財産が公益目的事業の用に直接供されるか】

贈与等財産が、その贈与等のあった日から2年を経過する日までに、公益目的事業の用に直接供され、又は供される見込みであること。

【要件3：相続税等の負担を不当に減少させる結果とならないと認められるか】

以下の要件のすべてを満たす公益法人等に対する贈与等は、所得税又は贈与税若しくは相続税の負担を不当に減少させる結果とはならないと認められます。

①　運営組織が適正であること。

・　運営組織が適正

・　役員等に占める親族等の割合が3分の1以下

定款等において、理事、監事、評議員、その他これらの者に準ずるもののうち親族関係を有する者及びこれと特殊の関係がある者の数が、それぞれの役員等の数に占める割合は3分の1以下とする旨の定めがあること。

②　財産贈与者や公益法人等の役員等に対して特別の利益を与えないこと。

③　定款等において、残余財産が国等に帰属する旨の定めがあること。

④　公益に反する事実がないこと。

⑤　株式保有制限

発行済株式の総数の２分の１を超えることとならないこと。

7-5 措置法第40条の適用要件（要件1：公益の増進に著しく寄与するか）

Q　みなし譲渡所得税の非課税承認制度（措法40）「一般特例」の適用を受けるための要件の1つである「公益の増進に著しく寄与するか」の判定要件は4つあるとわかりました。
それぞれの内容を具体的に教えてください。

A　ご質問にある「公益の増進に著しく寄与するか」を判定するための4つの要件は次のとおりです（措令25の17⑤一、判定要件：措法40条通達11、12）。

① **公益目的事業の規模**

公益目的事業を行う地域又は分野において社会的存在として認識される程度の規模を有すること。

② **公益の分配**

それを必要とする者の現在又は将来における勤務先、職業などにより制限されることなく、公益を必要とするすべての者に与えられるなど公益の分配が適正に行われること。

③ **事業の営利性**

・　公益の対価がその事業の遂行に直接必要な経費と比べて過大でないこと。

・　公益目的事業の運営が営利企業的に行われている事実がないこと。

④ **法令の遵守等**

事業の運営につき、法令に違反する事実その他公益に反する事実がないこと。

以下、具体的にご説明します。

解説

1　公益目的事業の規模

贈与等を受けた公益法人等が行う、その贈与等に係る公益目的事業が、その事業の内容に応じて、地域や分野において社会的存在として認識される程度の規模を有することが求められています。

具体的には、以下のイからヌに掲げる事業がその公益法人等の主たる目的として行われているときは、当該事業は、社会的存在として認識される程度の規模を有するものに該当するものとして取り扱われます。

【措法 40 条通達 12】（抜粋）
イ　学校教育法（昭和 22 年法律第 26 号）第１条に規定する学校を設置運営する事業
ロ　社会福祉法第２条第２項各号及び第３項各号《定義》に規定する事業
ハ　更生保護事業法第２条第１項に規定する更生保護事業
ニ　宗教の普及その他教化育成に寄与することとなる事業
ホ　博物館法（昭和 26 年法律第 285 号）第２条第１項《定義》に規定する博物館を設置運営する事業
（注）　上記の博物館は、博物館法第 10 条《登録》の規定による博物館としての登録を受けたものに限られているのであるから留意する。
ヘ　図書館法（昭和 25 年法律第 118 号）第２条第１項《定義》に規定する図書館を設置運営する事業
ト　30 人以上の学生若しくは生徒（以下「学生等」という。）に対して学資の支給若しくは貸与をし、又はこれらの者の修学を援助するための寄宿舎を設置運営する事業（学資の支給若しくは貸与の対象となる者又は寄宿舎の貸与の対象となる者が都道府県の範囲よりも狭い一定の地域内に住所を有する学生等若しくは当該一定の地域内に所在する学校の学生等に限定されているものを除く。）
チ　科学技術その他の学術に関する研究を行うための施設（以下「研究施設」という。）を設置運営する事業又は当該学術に関する研究を行う者（以下「研究者」という。）に対して助成金を支給する事業（助成金の支給の対象となる者が都道府県の範囲よりも狭い一定の地域内に住所を有する研究者又は当該一定の地域内に所在する研究施設の研究者に限定されているものを除く。）
リ　学校教育法第 124 条に規定する専修学校又は同法第 134 条第１項に規定する各種学校を設置運営する事業で、次の要件を具備するもの

（イ）　同時に授業を受ける生徒定数は、原則として80人以上であること。
（ロ）　法人税法施行規則（昭和40年大蔵省令第12号）第7条第1号及び第2号《学校において行なう技芸の教授のうち収益事業に該当しないものの範囲》に定める要件

ヌ　医療法第1条の2第2項に規定する医療提供施設を設置運営する事業を営む法人で出資持分の定めのないものが行う事業が次の（イ）及び（ロ）の要件又は（ハ）の要件を満たすもの
（イ）　医療法施行規則（昭和23年厚生省令第50号）第30条の35の3第1項第1号ホ及び第2号《社会医療法人の認定要件》に定める要件（この場合において、同号イの判定に当たっては、介護保険法（平成9年法律第123号）の規定に基づく保険給付に係る収入金額を社会保険診療に係る収入に含めて差し支えないものとして取り扱う。）
（ロ）　その開設する医療提供施設のうち1以上のものが、その所在地の都道府県が定める医療法第30条の4第1項に規定する医療計画において同条第2項第2号に規定する医療連携体制に係る医療提供施設として記載及び公示されていること。
（ハ）　措令第39条の25第1項第1号《特定の医療法人の法人税率の特例》に規定する厚生労働大臣が財務大臣と協議して定める基準

2　公益の分配

贈与等を受けた公益法人等の事業の遂行により与えられる公益が、それを必要とする者の現在又は将来における勤務先、職業などにより制限されることなく、公益を必要とするすべての者に与えられるなど公益の分配が適正に行われていることが求められます。

よって、助成金の給付を行う公益法人等が、助成対象者を広く一般から公募せず、特定の親族や会社関係者に限定しているような運営を行っているような場合には、公益の分配が適正に行われていないこととなり、注意が必要です。

3　事業の営利性

公益法人等の贈与等に係る公益目的事業について、その公益の対価がその事業の遂行に直接必要な経費と比べて過大でないこと、その他当該公益目的事業の運営が営利企業的に行われている事実がないことが求められています。

公益目的事業とは、不特定多数の者の利益の増進に寄与することのできる事業であり、本来は、その対価は無償又は低廉であるべきと考えられます。しかしながら、公益法人等は公益目的事業を遂行するために必要な資金を調達する必要があるため、事業遂行に際して収益を生じているかどうかは問われていません（措法40条通達1）。

ただし、上記のような、「公益の対価がその事業の遂行に直接必要な経費と比べて過大」であったり、「運営が営利企業的に行われている」ような場合には、一般的な営利企業と変わらないことから、課税公平の見地から、このような事業を行う公益法人等に対する財産の寄附については、みなし譲渡所得税の非課税の対象となりません。

4　法令遵守等

法人の事業運営につき、法令に違反する事実その他公益に反する事実がないことが求められています。これは、公益法人等は公平公正に運営されていなければならないという理念に基づくものです。

7-6 措置法第 40 条の適用要件（要件 2：寄附財産が公益目的事業の用に直接供されるか）

Q　みなし譲渡所得税の非課税承認制度（措法 40）「一般特例」の適用を受けるための要件の１つである「寄附財産が公益目的事業の用に直接供されるか」の判定要件を具体的に教えてください。

A　ご質問にある、「寄附財産が公益目的事業の用に直接供されるか」を判定するための要件は次のとおりです（措令 25 の 17⑤二、措法 40 条通達 13 から 16）。

贈与等財産が、その贈与等のあった日から２年を経過する日までに、公益目的事業の用に直接供され、又は供される見込みであること。

解説

1　原則

みなし譲渡所得税の非課税承認制度（措法 40）「一般特例」の適用を受けるためには、その贈与等を受けた財産が、その贈与等があった日以後２年以内に、その贈与等を受けた公益法人等のその贈与等に係る公益目的事業の用に直接供されること、又は供される見込みであることが求められています。

贈与等に係る財産が、その贈与等に係る公益目的事業の用に直接供されるかどうかは、その財産自体が、その公益目的事業の用に直接供されるかどうかにより判断されます。よって、以下のような場合には、みなし譲渡所得税は非課税となりません。

【公益目的事業の用に直接供されたことには該当しない事例】

・　公益法人等が寄附を受けたマンションを、居住用賃貸不動産として使用し、その収益をもって公益目的事業に使う場合
・　公益法人等が寄附を受けた土地を、駐車場として使用し、その収益をもって公益目的事業に使う場合
・　公益法人等が寄附を受けた土地や建物を、その公益法人等の福利厚生施設等として使用する場合

【株式や著作権のように、財産を直接公益目的事業の用に供せない場合】

贈与等に係る財産が、株式や著作権などのように、その財産の性質上その財産を公益目的事業の用に直接供することができないものである場合には、その財産から生じる果実である配当金や印税収入などの全部が、公益目的事業の用に直接供されているか否かで、判定されます。

よって、無配当株式など、果実を生じない財産については、公益目的事業の用に直接供したとは言えないため注意が必要です。

例えば、奨学金事業を営む公益財団法人に対して、株式を寄附し、その株式から生じる果実である配当金の全額を、毎年、奨学金として奨学生に給付するような場合には、公益目的事業の用に直接供されていると考えられます。

2　２年以内に事業供用できない場合のやむを得ない事情

みなし譲渡所得税の非課税承認制度（措法40）「一般特例」の適用を受けるためには、原則として、贈与等に係る財産を贈与等があった日以後２年を経過する日までの期間内に、贈与等を受けた法人の公益目的事業の用に供されることが要件であることは、上記**1**の通りです。

ただし、「やむを得ない事情」があるため、当該財産等を当該期間内に当該法人の当該公益目的事業の用に直接供することが困難である場合については、承認要件を満たさないとすると、実態に即さないという問題が生じます。よって、このような場合には、国税庁長官が認める日ま

での期間内に当該法人の当該公益目的事業の用に直接供されるときには、この承認要件を満たすこととされています（措令25の17④、措法40条通達10）。

【やむを得ない事情とは】

① 贈与等を受けた土地の上に建設する贈与等に係る公益目的事業の用に直接供する建物のその建設期間が通常2年を超えること。

② 贈与等をした者又は贈与等を受けた公益法人等の責めに帰せられない一定の事情があること。

3 寄附財産を譲渡する場合の取扱い

みなし譲渡所得税の非課税承認制度（措法40）「一般特例」の適用を受けるためには、原則として、贈与等に係る財産を贈与等があった日以後2年を経過する日までの期間内に、贈与等を受けた法人の公益目的事業の用に供されることが要件であることは、上記**1**の通りです。

ただし、贈与等に係る財産につき、次のいずれかに掲げる事由に該当する場合には、やむを得ない理由があるものして、その譲渡による収入金額の全部に相当する金額をもって取得した資産（代替資産）が、その公益法人等の公益目的事業の用に直接供されればよいとされています（措令25の17③、措規18の19③）。

【代替資産が認められる事由】

① その財産につき収用等又は換地処分等による譲渡があった場合

② その贈与等に係る公益法人等の公益目的事業の用に直接供する施設につき、災害があった場合において、その復旧を図るためにその財産を譲渡したとき

③ その贈与等に係る公益目的事業の用に直接供する施設におけるその公益目的事業の遂行が、公害により、若しくはその施設の所在場所において風俗営業が営まれることとなったことにより著しく困難となった場合、又はその施設の規模を拡張する場合において、その施設の移

転をするためその財産を譲渡したとき

④　その財産につき株式交換又は株式移転による譲渡があった場合

⑤　国又は地方公共団体に贈与する目的で資産を取得等する場合において、その資産の取得等の費用に充てるためにその財産を譲渡したとき

⑥　その財産のうち私立大学等を設置する学校法人に対する財産の贈与又は遺贈に係る国税庁長官の承認手続き等の特例の適用を受けた贈与又は遺贈に係るもので、その学校法人の基本金に組み入れる方法により管理されていたものを譲渡したとき

⑦　①から⑥までに掲げる場合に準ずるやむを得ない理由として、国税庁長官が認める理由により贈与又は遺贈に係る財産を譲渡したとき

4　非課税承認に係る財産を買い替えた場合

みなし譲渡所得税の非課税承認制度（措法40）「一般特例」においては、公益法人等に贈与等された財産がその公益法人等の公益目的事業の用に直接供され続けることが非課税承認要件の１つです。その公益法人等が、その財産を譲渡等により処分し、公益目的事業の用に直接供しなくなった場合には、非課税承認は取り消され、その財産の譲渡があったものとみなして課税されることとなっています。

これは、非課税承認制度の適用を受けた贈与等財産を、公益目的事業の用に直接供し続けることを担保するものです。しかしながら、月日の経過により、財産の使用目的や価値と公益法人等の行う公益目的事業とが合わなくなることも想定されるため、一定の要件の下で、その公益目的事業の用に直接供する一定の資産への買替えが認められています。

一定の要件を満たして取得した買換資産は、上記**3**の代替資産の範囲に含まれ、その買換資産を公益目的事業の用に直接供することにより、引き続き当該非課税制度の適用を受け続けることができます（措法40⑤、措令25の17⑱、措規18の19⑪⑫、措置法40条通達25～35）。

【代替資産に含まれる買換資産とは】

以下の要件すべてを満たしているものをいいます。

① 公益目的事業の用に2年以上直接供されている資産であること。

② 譲渡収入金額の全額で買換資産を取得していること。

③ 買換資産は、譲渡資産と同種の資産、土地及び土地の上に存する権利であること。

④ 買換資産は、譲渡の日の翌日から1年を経過する日までの期間内に、公益目的事業用に直接供すること。

⑤ 譲渡日の前日までに、一定の事項を記載した書類を納税地の所轄税務署長を経由し、国税庁長官に提出すること。

7-7 措置法第40条の適用要件（要件3：相続税等の負担を不当に減少させる結果とならないと認められるか）

Q　みなし譲渡所得税の非課税承認制度（措法40）「一般特例」の適用を受けるための要件の1つである「相続税等の負担を不当に減少させる結果とならないと認められるか」の判定要件を具体的に教えてください。

A　ご質問にある「相続税等の負担を不当に減少させる結果とならないと認められるか」を判定するための要件は次のとおりです。

解説

1 概要

みなし譲渡所得税の非課税承認制度（措法40）「一般特例」の適用を受けるための3つ目の要件は、公益法人等に対して、財産の贈与又は遺贈をすることにより、贈与等をした者の所得に係る所得税の負担を不当に減少させ、又は贈与等をした者の親族等の相続税等を不当に減少させる結果とならないと認められることを求めています（措令25の17⑤三）。

【不当に減少させる結果とならないと認められる要件】

①　運営組織が適正であること。

・　運営組織が適正

・　役員等に占める親族等の割合が3分の1以下

定款等において、理事、監事、評議員、その他これらの者に準ずるもののうち親族関係を有する者及びこれと特殊の関係がある者の数が、それぞれの役員等の数に占める割合は3分の1以下とする旨の定めがあること。

② 財産贈与者や公益法人等の役員等に対して特別の利益を与えないこと。

③ 定款等において、残余財産が国等に帰属する旨の定めがあること。

④ 公益に反する事実がないこと。

⑤ 株式保有制限

発行済株式の総数の2分の1を超えることとならないこと。

公益法人等に財産を移転した後も、贈与者やその親族等がその法人を私的に支配し、これらの者が特別の利益を受けているような場合、実質的には、これらの者が移転した贈与等財産を継続して所有していることと変わらないこととなります。このような状況は、相続税等の負担に著しく不公平な結果を生じ、課税の公平性の面から適切ではありません。

したがって、相続税等を不当に減少させる結果と認められる場合には、贈与者等に対して、その贈与等に係るみなし譲渡所得税が課税されるだけでなく、贈与等を受けた公益法人等に対しても、その公益法人等を個人とみなして、相続税又は贈与税が課税されます（相法66④）。

なお、「相続税等の負担を不当に減少させる結果とならないと認められること」とは、将来の可能性も含む概念であると考えられるため、この判定は、贈与等の時点だけで判断するのではなく、将来の可能性も考慮して判断しなければなりません。よって、当該判断はとても難しいことから、租税特別措置法施行令第25条の17第6項において、以下の通り具体的な判断基準が定められており、同項に掲げる要件の全てを満たした場合には、相続税等の負担を不当に減少させる結果とならないと認められています。

【租税特別措置法施行令第25条の17第6項】

6　贈与又は遺贈により財産を取得した公益法人等が、次に掲げる要件を満たすときは、前項第3号の所得税又は贈与税若しくは相続税の負担を不当に減少させる結果とならないと認められるものとする。

一　その運営組織が適正であるとともに、その寄附行為、定款又は規則において、その理事、監事、評議員その他これらの者に準ずるもの（以下この項及び次項第1号において「役員等」という。）のうち親族関係を有する者及びこれらと次に掲げる特殊の関係がある者（次号及び同項第1号において「親族等」という。）の数がそれぞれの役員等の数のうちに占める割合は、いずれも3分の1以下とする旨の定めがあること。
イ　当該親族関係を有する役員等と婚姻の届出をしていないが事実上婚姻関係と同様の事情にある者
ロ　当該親族関係を有する役員等の使用人及び使用人以外の者で当該役員等から受ける金銭その他の財産によって生計を維持しているもの
ハ　イ又はロに掲げる者の親族でこれらの者と生計を一にしているもの
ニ　当該親族関係を有する役員等及びイからハまでに掲げる者のほか、次に掲げる法人の法人税法第2条第15号に規定する役員（(1)において「会社役員」という。）又は使用人である者
(1)　当該親族関係を有する役員等が会社役員となっている他の法人
(2)　当該親族関係を有する役員等及びイからハまでに掲げる者並びにこれらの者と法人税法第2条第10号に規定する政令で定める特殊の関係のある法人を判定の基礎にした場合に同号に規定する同族会社に該当する他の法人
二　その公益法人等に財産の贈与若しくは遺贈をする者、その公益法人等の役員等若しくは社員又はこれらの者の親族等に対し、施設の利用、金銭の貸付け、資産の譲渡、給与の支給、役員等の選任その他財産の運用及び事業の運営に関して特別の利益を与えないこと。
三　その寄附行為、定款又は規則において、その公益法人等が解散した場合にその残余財産が国若しくは地方公共団体又は他の公益法人等に帰属する旨の定めがあること。
四　その公益法人等につき公益に反する事実がないこと。
五　その公益法人等が当該贈与又は遺贈により株式の取得をした場合には、当該取得により当該公益法人等の有することとなる当該株式の発行法人の株式がその発行済株式の総数の2分の1を超えることとならないこと。

2　運営組織が適正であることの判定

その運営組織が適正であるかどうかの判定は、租税特別措置法第40条通達18に示されており、判定の柱は3つ（①定款、寄附行為又は規則に定めるべき事項、②事業運営が適正であること、③必要な帳簿書類を備え記帳が適正であること）あります。

以下、それぞれについてご説明します。

①　定款、寄附行為又は規則に定めるべき事項について

法人の態様ごとにその要件が定められています。以下で、公益社団法人及び公益財団法人と、一般社団法人（法法2九の二イ）と、一般財団法人（法法2九の二イ）の要件を掲げます。

【公益社団法人及び公益財団法人】
一般社団法人及び一般財団法人に関する法律（平成18年法律第48号。以下「一般社団・財団法人法」という。）及び公益社団法人及び公益財団法人の認定等に関する法律（平成18年法律第49号。以下「公益認定法」という。）において定款の記載事項と定められている事項 なお、この場合においては、次に掲げる事項が定款に定められていなければならないことに留意する。
（イ）　措令第25条の17第6項第1号に定める親族その他特殊の関係がある者に関する規定及び同項第3号に定める残余財産の帰属に関する規定
（ロ）　贈与又は遺贈に係る財産が贈与又は遺贈をした者又はこれらの者の親族が法人税法第2条第15号に規定する役員（以下「会社役員」という。）となっている会社の株式又は出資である場合には、その株式又は出資に係る議決権の行使に当たっては、あらかじめ理事会において理事総数（理事現在数）の3分の2以上の承認を得ることを必要とすること。
（注）　上記の「公益社団法人」とは、一般社団・財団法人法第2条第1号《定義》に規定する一般社団法人であって、公益認定法第4条《公益認定》の認定を受けたもの及び一般社団法人及び一般財団法人に関する法律及び公益社団法人及び公益財団法人の認定等に関する法律の施行に伴う関係法律の整備等に関する法律（平成18年法律第50号。以下「整備法」という。）第40条第1項《社団法人及び財団法人の存続》に規定する一般社団法人で同法第106条第1項《移行の登記》による移行の登記をした法人をいい、「公益財団法人」とは一般社団・財団法人法第2条第1号に規定する一般財団法人であって公益認定法第4条の認定を受けたもの及び整備法第40条第1項に規定する一般財団法人で同法第106条第1項による移行の登記をした法人をいう。

【一般社団法人】
（法人税法別表第２に掲げる法人で同法第２条第９号の２イに掲げるもの）

（イ）　理事の定数は６人以上、監事の定数は２人以上であること。

（ロ）　理事会を設置すること。

（ハ）　理事会の決議は、次の（ヘ）に該当する場合を除き、理事会において理事総数（理事現在数）の過半数の決議を必要とすること。

（ニ）　社員総会の決議は、法令に別段の定めがある場合を除き、総社員の議決権の過半数を有する社員が出席し、その出席した社員の議決権の過半数の決議を必要とすること。

（ホ）　基本財産に関する定めがあること。

（ヘ）　次に掲げるＣ及びＤ以外の事項の決議は、社員総会の決議を必要とすること。

この場合において次のＥ、Ｆ及びＧ（事業の一部の譲渡を除く。）以外の事項については、あらかじめ理事会における理事総数（理事現在数）の３分の２以上の議決を必要とすること。

なお、贈与又は遺贈に係る財産が贈与又は遺贈をした者又はこれらの者の親族が会社役員となっている会社の株式又は出資である場合には、その株式又は出資に係る議決権の行使に当たっては、あらかじめ理事会において理事総数（理事現在数）の３分の２以上の承認を得ることを必要とすること。

Ａ　収支予算（事業計画を含む。）
Ｂ　決算
Ｃ　重要な財産（基本財産を含む。）の処分及び譲受け
Ｄ　借入金（その事業年度内の収入をもって償還する短期の借入金を除く。）その他新たな義務の負担及び権利の放棄
Ｅ　定款の変更
Ｆ　解散
Ｇ　合併、事業の全部又は一部の譲渡
Ｈ　公益目的事業以外の事業に関する重要な事項

（注）　一般社団・財団法人法第15条第２項第２号《設立時役員等の選任》に規定する会計監査人設置一般社団法人で、同法第127条《会計監査人設置一般社団法人の特則》の規定の適用により同法第126条第２項《計算書類等の定時社員総会への提出等》の規定の適用がない場合にあっては、上記Ｂの決算について、社員総会の決議を要しないことに留意する。

（ト）　役員等には、その地位にあることのみに基づき給与等（所得税法第28条第１項《給与所得》に規定する「給与等」をいう。以下同じ。）を支給しないこと。

（チ）　監事には、理事（その親族その他特殊の関係がある者を含む。）及びその法人の職員が含まれてはならないこと。また、監事は、相互に親族その他特殊の関係を有しないこと。

（注）1　上記のほか、措令第25条の17第6項第1号に定める親族その他特殊の関係がある者に関する規定及び同項第3号に定める残余財産の帰属に関する規定並びに法人税法施行令（昭和40年政令第97号）第3条第1項第1号《非営利型法人の範囲》に定める剰余金の分配に関する規定が定款に定められていなければならないことに留意する。

2　社員総会における社員の議決権は各1個とし、社員総会において行使できる議決権の数、議決権を行使することができる事項、議決権の行使の条件その他の社員の議決権に関する事項（一般社団・財団法人法第50条《議決権の代理行使》から第52条《電磁的方法による議決権の行使》までに規定する事項を除く。）について、定款の定めがある場合には、法人税法別表第2に掲げる法人で同法第2条第9号の2イに掲げるものには該当しないものとして取り扱う。

【一般財団法人】 （法人税法別表第2に掲げる法人で同法第2条第9号の2イに掲げるもの）
（イ）　理事の定数は6人以上、監事の定数は2人以上、評議員の定数は6人以上であること。
（ロ）　評議員の定数は、理事の定数と同数以上であること。
（ハ）　評議員の選任は、例えば、評議員の選任のために設置された委員会の議決により選任されるなどその地位にあることが適当と認められる者が公正に選任されること。
（ニ）　理事会の決議は、次の（ト）に該当する場合を除き、理事会において理事総数（理事現在数）の過半数の決議を必要とすること。
（ホ）　評議員会の決議は、法令に別段の定めがある場合を除き、評議員会において評議員総数（評議員現在数）の過半数の決議を必要とすること。
（ヘ）　基本財産に関する定めがあること。
（ト）　次に掲げるC及びD以外の事項の決議は、評議員会の決議を必要とすること。 　この場合において次のE及びF（事業の一部の譲渡を除く。）以外の事項については、あらかじめ理事会における理事総数（理事現在数）の3分の2以上の決議を必要とすること。 　なお、贈与又は遺贈に係る財産が贈与又は遺贈をした者又はこれらの者の親族が会社役員となっている会社の株式又は出資である場合には、その株式又は出資に係る議決権の行使に当たっては、あらかじめ理事会において理事総数（理事現在数）の3分の2以上の承認を得ることを必要とすること。 A　収支予算（事業計画を含む。） B　決算

C　重要な財産（基本財産を含む。）の処分及び譲受け
D　借入金（その事業年度内の収入をもって償還する短期の借入金を除く。）その他新たな義務の負担及び権利の放棄
E　定款の変更
F　合併、事業の全部又は一部の譲渡
G　公益目的事業以外の事業に関する重要な事項
（注）　一般社団・財団法人法第153条第1項第7号《定款の記載又は記録事項》に規定する会計監査人設置一般財団法人で、同法第199条の規定において読み替えて準用する同法第127条の規定により同法第126条第2項の規定の適用がない場合にあっては、上記Bの決算について評議員会の決議を要しないことに留意する。

（チ）　役員等には、その地位にあることのみに基づき給与等を支給しないこと。

（リ）　監事には、理事（その親族その他特殊の関係がある者を含む。）及び評議員（その親族その他特殊の関係がある者を含む。）並びにその法人の職員が含まれてはならないこと。また、監事は、相互に親族その他特殊の関係を有しないこと。
（注）　上記のほか、措令第25条の17第6項第1号に定める親族その他特殊の関係がある者に関する規定及び同項第3号に定める残余財産の帰属に関する規定並びに法人税法施行令第3条第1項第1号に定める剰余金の分配に関する規定が定款に定められていなければならないことに留意する。

②　事業運営が適正であることについて

その公益法人等の事業の運営及び役員等の選任などが、法令及び定款等に基づき適正に行われていることが求められています。

その公益法人等のそれぞれの役員等のうちに占める親族等の割合が3分の1を超えている場合や、他の一の法人等の役職員の数がその公益法人等の役員等のうちに占める割合が3分の1を超えている場合には、本要件を満たせなくなるため、注意が必要です。

【親族等３分の１要件に該当する制限対象者と親族等の範囲】

制限対象者	親族等の範囲
理事、監事、評議員、その他これらの者に準ずるもの	①　配偶者 ②　三親等内の姻族 ③　六親等内の血族 ④　特殊の関係がある者（役員等及び①～③と、以下の関係がある者） ・　内縁の妻、使用人等 ・　役員等及び①～③の者が役員となっている会社の、役員又は使用人 ・　役員等及び①～③の者等を判定の基礎とした場合の、同族会社の、役員又は使用人

③　必要な帳簿書類を備え記帳が適正であること

法人の事業の種類や規模に応じ、その内容を適正に表示することに必要な帳簿書類を備付け、収支や資産及び負債の明細が適正に記帳されていると認められることが求められています。

3　財産贈与者や公益法人等の役員等に対して特別の利益を与えないこと

その公益法人等に財産を贈与した者等、その公益法人等の役職員又はこれらの親族等に対して、施設の利用、金銭の貸付け、資産の譲渡、給与の支給、役員等の選任その他財産の運用及び事業の運営に関して特別の利益を与えないこととされています。

財産を贈与した者、公益法人等の役員や社員、又はこれらの者の親族等に対して、その公益法人等の所有する財産を無償又は著しく低い対価で譲渡したり、過大な役員報酬や従業員給与等の支払をしたりした場合が、これに該当します。

具体的には、租税特別措置法第 40 条通達 19 に定めがあり、(1)又は(2)に該当すると認められる場合には、「特別の利益」を与えていることに該当します。

【措法40条通達19】

(1)　財産の贈与又は遺贈を受けた公益法人等の定款、寄附行為若しくは規則又は贈与契約書などにおいて、次に掲げる者に対して、当該公益法人等の財産を無償で利用させ、又は与えるなど特別の利益を与える旨の記載がある場合

イ　財産の贈与をする者

ロ　当該公益法人等の役員等若しくは社員

ハ　財産の贈与若しくは遺贈をする者、当該公益法人等の役員等若しくは社員（以下「贈与等をする者等」という。）の親族

ニ　贈与等をする者等と次に掲げる特殊の関係がある者（以下「特殊の関係がある者」という。）

(イ)　贈与等をする者等とまだ婚姻の届出をしていないが事実上婚姻関係と同様の事情にある者

(ロ)　贈与等をする者等の使用人及び使用人以外の者で贈与等をする者等から受ける金銭その他の財産によって生計を維持しているもの

(ハ)　上記(イ)又は(ロ)に掲げる者の親族でこれらの者と生計を一にしているもの

(ニ)　贈与等をする者等が会社役員となっている他の会社

(ホ)　贈与等をする者等、その親族、上記(イ)から(ハ)までに掲げる者及びこれらの者と法人税法第2条第10号に規定する政令で定める特殊の関係にある法人を判定の基礎とした場合に同号に規定する同族会社に該当する他の法人

(ヘ)　上記(ニ)又は(ホ)に掲げる法人の会社役員又は使用人

(2)　財産の贈与又は遺贈を受けた公益法人等が、贈与等をする者等又はその親族その他特殊の関係がある者に対して、次に掲げるいずれかの行為をし、又は行為をすると認められる場合

イ　当該公益法人等の所有する財産をこれらの者に居住、担保その他の私事に利用させること。

ロ　当該公益法人等の他の従業員に比し有利な条件で、これらの者に金銭の貸付けをすること。

ハ　当該公益法人等の所有する財産をこれらの者に無償又は著しく低い価額の対価で譲渡すること。

ニ　これらの者から金銭その他の財産を過大な利息又は貸借料で借り受けること。

ホ　これらの者からその所有する財産を過大な対価で譲り受けること、又はこれらの者から公益目的事業の用に直接供するとは認められない財産を取得すること。

ヘ　これらの者に対して、当該公益法人等の役員等の地位にあることのみに基づき給与等を支払い、又は当該公益法人等の他の従業員に比し過大な給与等を支払うこと。

ト　これらの者の債務に関して、保証、弁済、免除又は引受け（当該公益

法人等の設立のための財産の提供に伴う債務の引受けを除く。）をすること。
チ　契約金額が少額なものを除き、入札等公正な方法によらないで、これらの者が行う物品販売、工事請負、役務提供、物品の賃貸その他の事業に係る契約の相手方となること。
リ　事業の遂行により供与する公益を主として、又は不公正な方法で、これらの者に与えること。

4　定款等において、残余財産が国等に帰属する旨の定めがあること

寄附行為、定款又は規則において、その公益法人等が解散した場合にその残余財産が国若しくは地方公共団体又は他の公益法人等に帰属する旨の定めがあること

5　公益に反する事実がないこと

法律違反や不正行為を行った場合には、公益に反することになると思われます。

6　株式保有制限

公益法人等が贈与等により株式を取得する場合には、その取得によりその公益法人等の有することとなるその株式の発行法人の株式がその発行済株式の総数の2分の1を超えることとならないことが求められています。

これは、本非課税制度の対象となる公益法人等の間で、それぞれの法人格の制度によって、株式の保有に関する取扱いが異なっていることに起因して設けられた要件です。当該要件は平成26年度の税制改正にて導入され、財務省が公表している『平成26年度税制改正の解説＿租税特別措置法等（所得税関係の事業所得等の課税の特例その他）の改正』

では、導入された背景を以下のとおり説明しています。

> 『平成26年度税制改正の解説＿租税特別措置法等（所得税関係の事業所得等の課税の特例その他）の改正』302頁（抜粋）
>
> 本非課税制度の対象となる公益法人等（以下「対象法人」といいます。）の間で、それぞれの法人制度における株式の保有に関する取扱いが区々となっていました。具体的には、公益社団法人・財団法人は、議決権株式の過半数まで、学校法人や旧民法法人は発行済株式の2分の1までの保有が可能とされており、一方で、非営利法人である一般社団法人・財団法人やNPO法人などは株式保有に関して制限はありません。このような対象法人間の株式保有に関する取扱いの差異は対象法人間で非課税の範囲が異なるという結果となることから、本非課税制度における対象法人間での非課税の範囲を同じにするため、今回の改正が行われました。

7-8 措置法第 40 条の承認を受けるための手続

Q みなし譲渡所得税の非課税承認税度（措法 40）「一般特例」の申請手続について教えてください。

A 下記の解説の通りです。

解説

みなし譲渡所得税の非課税承認制度（措法 40）「一般特例」の承認を受けるための申請は、「租税特別措置法第 40 条の規定による承認申請書」及び添付書類（157～159 頁参照）を、贈与等があった日から 4 か月以内に国税庁長官に提出し、措置法第 40 条の適用要件（「**7-4** 措置法第 40 条の適用要件の概要」132 頁参照）を満たしているかについて国税の審査を受けた後、国税庁長官から承認（又は不承認）の通知書が発出されます（措令 25 の 17 ①）。

なお、この承認申請書は、同一の公益法人等に対して、財産の寄附をした人が複数人いる場合に適用を受けようとするときは、共同で申請をすることができます。

提出者	①　自らが贈与等した場合 ⇒贈与者 ②　贈与者が申請書等を提出する前に死亡した場合（遺贈の場合） ⇒相続人又は包括受遺者
提出先	贈与等をした者の納税地の所轄税務署長を経由し、国税庁長官に提出

提出期限	①　原則 　贈与等があった日から4か月以内 ②　例外 　①の期間経過前に、贈与等があった日の属する年分の所得税の確定申告書提出期限が到来する場合 （通常：贈与があった日が11/16～12/31の場合） 　⇒確定申告書の提出期限（通常：3/15） ③　宥恕規定 　この承認申請書等が期限内に提出されたかった場合においても、国税庁長官においてやむを得ない事情があると認められるときは、期限内に提出されたものとする宥恕規定が設けられています。

〈贈与等があった日とは〉

贈与又は遺贈があった日とは、次に掲げる日後に当該贈与又は遺贈の効力が生ずると認められる場合を除き、それぞれ次に掲げる日をいいます（措法40条通達5）。

①　公益法人等に対する財産の贈与の場合

当該公益法人等の理事会など権限ある機関において、その受入れの決議をした日

②　公益法人等を設立するための生前の財産の提供の場合

当該公益法人等の成立した日

③　公益法人等に対する遺贈又は当該公益法人等を設立するための遺言による財産の提供の場合

遺贈をした者の死亡の日

④　人格のない社団等に対する贈与等の設立準備委員会等に対する財産の贈与の場合

当該設立準備委員会等において、その受入れの決議をした日

租税特別措置法第40条の規定による承認申請書

第1表（共同提出の代表者 単独提出者用）

税務署受付印

令和＿＿年＿＿月＿＿日

国税庁長官

〒

申請者 住 所

フリガナ
氏 名

生年月日（明・大・昭・平・令　年　月　日）

個人番号

職 業　　電話番号　－　－

公益を目的とする事業を行う法人に対する財産の寄附について、租税特別措置法第40条第1項後段の規定による所得税の非課税の承認を受けたいので、申請します。

寄附年月日		令和　年　月　日	寄附の態様	□ 贈与 □ 法人を設立するための財産提供
財産の寄附を受けた法人	所在地 電話番号	〒 （電話番号　－　－　）		
	フリガナ 名　称		フリガナ 代表者氏名	
財産の寄附を受けた法人の事業目的、寄附した財産その他租税特別措置法施行規則第18条の19に定める事項及び添付書類		第2表から第17表までの記載及び添付書類のとおりです。		

作成税理士 事務所所在地（電話番号）署名

私は、上記の法人に財産の寄附をした次の者の代表者として、これらの者の承認申請書に記載すべき事項及び添付すべき書類についても、この承認申請書に記載及び添付しています。

住　所	氏　名	私との続柄又は関係	承認申請書を提出した税務署名
〒			
〒			
〒			
〒			
〒			
〒			

※	番号確認	身元確認	確認書類
		□ 済 □ 未済	個人番号カード／通知カード・運転免許証 その他（　　　）

※	整理簿		通信日付印	・ ・ 確認者

※欄は記入しないでください。

（資13－1－1－A4統一）（令3.6）

租税特別措置法第40条承認申請書添付書類チェックシート（一般特例用）

＊　「添付の有無」欄に○印を付してください（裏面もあります）。なお、「整理欄」は記入する必要はありません。
＊　このチェックシートは、「租税特別措置法第40条の規定による承認申請書」に添付して提出してください。
＊　このチェックシートに記載された添付書類の提出があった後において、事実関係や寄附を受けた法人の運営状況を確認するために、関係書類の提出をお願いする場合がありますのでご了承願います。

【表面】

	添付を要する場合	添　付　書　類　名	添付の有無	整理欄
第1表関係	申請者が寄附者の相続人及び包括受遺者である場合	1　寄附者と申請者との続柄が明らかとなる戸籍謄本等	有・無	
	法人を設立するための遺言による財産の提供又は既に設立されている法人に対する遺贈である場合	2　遺言書の写し	有・無	
第2表関係	申請書を提出する全ての場合	1　法人の設立許可書、認可書又は認証書の写し	有・無	
		2　法人の登記事項証明書等	有・無	
		3　法人の寄附行為、定款又は規則の写し	有・無	
		4　法人が設置運営している施設の運営に関する園則、管理（運営）規程、規則等の写し	有・無	
		5　法人が設置運営している施設の利用に関する説明書、パンフレット等（注１）	有・無	
第3表関係	申請書を提出する全ての場合	1　寄附申込書の写し	有・無	
		2　寄附の受入れに係る理事会等の議事録（法人を設立するための財産の提供の場合は、寄附の受入れに係る設立発起人会等の議事録）の写し	有・無	
		3　寄附財産の時価を明らかにする書類（不動産鑑定評価書の写し、株式の評価明細書、美術品の鑑定書等の写しなど）	有・無	
	寄附財産に係る取得価額が明らかである場合	4　寄附財産の取得価額を明らかにする書類（購入時の売買契約書の写し等）	有・無	
	寄附財産が土地である場合	5　寄附を受けた法人に所有権移転登記を行った後の登記事項証明書（農地の場合は農地転用許可書の写しを含む。）	有・無	
		6　利用状況を示した公図の写し、地番入り実測図、住宅案内図（隣接する土地の利用者が記載されたもの）及び写真等	有・無	
		7　寄附土地上に建物がある場合には、その建物の登記事項証明書、建物の配置等利用状況を示した平面図及び写真等	有・無	
	寄附財産が建物である場合	8　寄附を受けた法人に所有権移転登記を行った後の登記事項証明書	有・無	
		9　利用状況の分かる平面図及び写真等	有・無	
	寄附財産が株式である場合	10　寄附を受けた法人に名義変更されたことが分かる書類（上場株式の場合は信託銀行等の証明書、非上場株式の場合は株主名簿の写し等）	有・無	
		11　寄附後５年間の配当金の利用計画書	有・無	
		12　過去５年間の配当状況を記載した書類	有・無	
		13　発行法人の直近の事業報告書・決算書等	有・無	
	寄附財産が美術品である場合	14　寄附財産のうち主要なもののカラー写真	有・無	
		15　寄附後３年間における寄附財産の展示（利用）計画書	有・無	
第3表―付1関係	寄附財産である土地の上に建物を建築中又は建築する予定である場合	1　建築請負契約書の写し及び建築工事のスケジュール表	有・無	
		2　建築資金の調達方法が確認できる書類（融資や補助金の決定通知書の写し等）（注２）	有・無	
		3　建築する建物の利用状況が分かる平面図等	有・無	
		4　建築業者の選定経緯が分かる書類（入札に係る理事会の議事録や入札結果が分かる書類の写し等）（注２）	有・無	
		5　建築した建物の登記事項証明書及び写真（注３）	有・無	
	寄附財産がやむを得ない事情により寄附があった日から２年以内に使用できない場合	6　やむを得ない事情に至った事実が確認できる書類及び使用開始までの具体的な計画書等	有・無	
第3表―付2関係	寄附財産がやむを得ない理由により譲渡された場合	1　譲渡した寄附財産の当初の利用計画等について確認できる書類	有・無	
		2　寄附財産を譲渡することになったやむを得ない理由書等	有・無	
		3　寄附財産の譲渡に係る理事会等の議事録の写し	有・無	
		4　寄附財産の譲渡に係る売買契約書の写し、株式の場合は株式移転契約書又は株式交換契約書の写し等	有・無	
		5　代替資産の取得に係る売買契約書、建築請負契約書及び領収書の写し、株式の場合は株式移転契約書又は株式交換契約書の写し等	有・無	
		6　寄附を受けた法人に所有権移転登記又は所有権保存登記を行った後の代替資産の登記事項証明書	有・無	
		7　代替資産の利用状況が分かる平面図（設計図）、写真等	有・無	
		8　寄附財産の譲渡及び代替資産の取得に係る収支明細表	有・無	
	寄附財産の譲渡代金の全部又は一部が代替資産の取得に充てられていない場合	9　譲渡代金の全部又は一部が代替資産の取得に充てられていないことについての理由書及びその充てられていない部分についての代替資産の取得計画書その他の関係書類	有・無	

（資13－15－１－Ａ４統一）（令3.6）

【裏面】

	添付を要する場合	添　付　書　類　名	添付の有無	整理欄
第8表関係	寄附を受けた法人に土地又は建物の貸借がある場合	1　土地又は建物の借受け又は貸付けに関する賃貸借契約書又は使用貸借契約書の写し（注2）	有・無	
	寄附を受けた法人が土地を貸し付け又は借り受けている場合	2　土地の利用状況を示した公図の写し、地番入り実測図、その土地を中心とした住宅地図（隣接する土地の利用者が記載されたもの）等（注2）	有・無	
	寄附を受けた法人が建物を貸し付け又は借り受けている場合	3　建物の利用状況が分かる平面図（注2）	有・無	
第9表関係	寄附を受けた法人が他の者又は法人の債務の担保として、土地又は建物を提供している場合	1　債務の担保となっている土地又は建物の登記事項証明書（注2）	有・無	
		2　金銭消費貸借契約書の写し（注2）	有・無	
	寄附を受けた法人が保証人となっている債務がある場合	3　保証契約書などその保証の事実が分かる書類の写し（注2）	有・無	
		4　金銭消費貸借契約書の写し（注2）	有・無	
第10表関係	給与の支給（予定）がある場合	1　就業規則、給与規程（俸給表を含む。）、役員・使用人の勤務条件に関する規則等の写し	有・無	
第12表関係	育英事業を行う法人である場合	1　寄附をした日の属する年度以降5年間の奨学金の貸付計画又は支給計画について、申請書第12表の「⑶ 奨学金の貸付け・支給の実績」に準じて作成した書類	有・無	
		2　奨学金の希望者又は寄宿舎の入寮希望者の募集要領	有・無	
		3　奨学金の貸付け又は支給の対象者及び寄宿舎の入寮者の選考基準書の写し	有・無	
		4　奨学金の貸付け又は支給の対象者及び寄宿舎の入寮者の選考に当たり選考委員会等を設置している場合には、選考委員の氏名、職業を記載した書類	有・無	
		5　奨学金の貸付け又は支給実績が分かる書類	有・無	
第13表関係	助成事業を行う法人である場合	1　寄附をした日の属する年度以降5年間の助成計画について、申請書第13表の「⑷ 助成金の支給の実績」に準じて作成した書類	有・無	
		2　助成希望者の募集要領	有・無	
		3　助成金の支給対象者の選考基準書の写し	有・無	
		4　助成金の支給対象者の選考に当たり選考委員会等を設置している場合には、選考委員の氏名、職業を記載した書類	有・無	
		5　助成金の支給実績が分かる書類	有・無	
第14表関係	措置委託又は保育の実施による受入れ人員がある場合	1　対象人員について措置委託又は保育の実施を行った市区町村長等の証明書等	有・無	
	措置委託又は保育の実施の対象となる施設に措置委託又は保育の実施によらない人を受け入れている場合	2　措置委託又は保育の実施の対象となる施設に措置委託又は保育の実施によらない人を受け入れていることについての理由書	有・無	
第15表関係	美術館等を設置運営する法人である場合	1　美術館等を設置運営する法人がその設置する美術館等について博物館法第10条の登録を受けている場合には、登録通知書の写し（申請中の場合は、その登録申請関係書類の写し等）	有・無	
		2　美術館等のパンフレット及び入館券（表面に「見本」と朱書したもの）（注1）	有・無	
		3　寄附後3年間における事業計画書及び展示計画書（注4）	有・無	
第16表関係	図書館を設置運営する法人である場合又はその他の公益目的事業を行う法人である場合	1　寄附を受けた法人の事業活動の概要が分かるパンフレット等（注1）	有・無	
		2　寄附後3年間の事業計画書	有・無	
第17表関係	申請書を提出する全ての場合	1　財産の寄附をした日の属する事業年度の前事業年度の収支決算書、事業報告書、貸借対照表及び財産目録（新たに設立された法人については、法人設立の日における貸借対照表及び財産目録）	有・無	
		2　財産の寄附をした日の属する事業年度の収支予算書及び事業計画書	有・無	
	収益事業を行っている場合	3　財産の寄附をした日の属する事業年度の前事業年度（この事業年度に法人税の申告書を提出していない場合には、この事業年度の前事業年度）の法人税の確定申告書及びその添付書類の写し	有・無	
	承認申請書記載日現在では収益事業を行っていないが、その日から1年以内に収益事業を開始する予定の場合	4　収益事業を開始する日から1年間の収支予算書	有・無	
共通	申請書を提出する全ての場合	承認申請書及び添付書類の記載事項が事実に相違ない旨の確認書	有・無	

（注）1　法人のホームページに掲載されている場合には、承認申請書の余白部分等にその旨記載していただければ、書面での提出を省略していただいても差し支えありません。

2　寄附を受けた法人と、寄附者、その法人の役員等若しくは社員又はこれらの者と親族関係若しくは特殊の関係がある者との間において、建築請負契約、金銭消費貸借契約等がある場合に提出してください（「特殊の関係がある者」とは、租税特別措置法施行令第25条の17第6項第1号に規定する特殊の関係がある者をいいます。）。

3　建築完了後に提出してください。

4　承認申請書第3表の添付書類と同じ書類ですので、重複して提出していただく必要はありません。

（資13－15－2－A4統一）（令3.6）

7-9 措置法第 40 条の承認件数等

Q 措置法第 40 条第 1 項後段による国税庁長官の処理件数や承認件数を教えてください。
また、どのような法人が適用を受けているのでしょうか。

A 下記の解説の通りです。

解説

1 近年の措置法第 40 条後段による国税庁長官の処理件数と承認件数

国税庁『事務年報』及び行政文書開示請求により作成しました。

【寄附財産に係る譲渡所得の非課税承認事務　処理状況一覧】

国税庁の公表資料『事務年報』より集計（2022/2）

		事務年度										
		平成22	平成23	平成24	平成25	平成26	平成27	平成28	平成29	平成30	令和1	令和2
学校法人		56	48	40	41	41	36	64	39	29	43	29
財団法人	公益	56	20	31	19	16	107	75	51	55	162	90
	一般										8	3
社会福祉法人		92	105	39	81	72	100	71	53	82	56	52
医療法人		3	3	10	6	1	0	1	1	0	2	0
宗教法人		87	104	38	38	25	36	63	29	35	22	22
その他の法人	独立行政法人等	37	61	42	82	52	69	71	108	90	39	65
	社団法人等										2	17
	NPO 法人										6	6
	認可地縁団体										17	18
合計		331	341	200	267	207	348	345	281	291	357	302

開示請求による情報

	事務年度										
	平成22	平成23	平成24	平成25	平成26	平成27	平成28	平成29	平成30	令和1	令和2
承認						348	345	281	290	354	302
不承認						0	0	0	1	3	0
合計						348	345	281	291	357	302

2 みなし譲渡所得課税の非課税措置の適用を受けている法人の事業規模や事業内容

内閣府が「令和元年度公益法人の寄付金収入に関する実態調査報告書」を公表しており、その中で、みなし譲渡所得課税の非課税措置の適用状況について、以下の通り示されています。

(1) 適用を受けている法人の数

同報告書によると、現物による寄附を受け入れている437法人のうち、みなし譲渡所得課税が非課税となった法人は57法人、現在、非課税申請中の法人は22法人であり（3法人は重複)、これらの法人の占める割合は全体の17.4%となります（重複法人調整後)。

なお、非課税申請を行ったものの、承認を受けられなかった法人はないことが分かります。

(2) 公益目的事業費用別

実際に非課税となったものがあると回答した割合が最も多いのは「400～600百万円未満」で25.0%となっています。

上段：法人数 下段：構成比		全体	みなし譲渡所得課税の非課税措置の対応					
			1. 非課税申請が行われ、実際に非課税となったものがある	2. 非課税申請が行われ、国税庁長官の承認を受けたが、寄附から2年を経過した日までに寄附された資産を公益目的事業に使用しなかったため、非課税とならなかったものがある	3. 非課税申請が行われたが、国税庁長官の承認を受けられなかったものがある	4. 現在、非課税申請を行っている	5. 非課税申請が行われたものはない	6. わからない
全体		437 100.0%	57 13.0%	— —	— —	22 5.0%	192 43.9%	169 38.7%
公益目的事業費用の額（平成30年度）	20百万円未満	70 100.0%	12 17.1%	— —	— —	10 14.3%	34 48.6%	15 21.4%
	20～50百万円未満	83 100.0%	8 9.6%	— —	— —	3 3.6%	32 38.6%	40 48.2%
	50～100百万円未満	63 100.0%	14 22.2%	— —	— —	7 11.1%	22 34.9%	21 33.3%
	100～200百万円未満	44 100.0%	5 11.4%	— —	— —	— —	19 43.2%	20 45.5%
	200～400百万円未満	59 100.0%	8 13.6%	— —	— —	1 1.7%	27 45.8%	24 40.7%
	400～600百万円未満	28 100.0%	7 25.0%	— —	— —	1 3.6%	12 42.9%	8 28.6%
	600百万円以上	90 100.0%	3 3.3%	— —	— —	— —	46 51.1%	41 45.6%

（出典　内閣府：令和元年度公益法人の寄附金収入に関する実態調査　集計データ図74）

(3) 法人の事業類型別

「博物館等の展示事業」を行っている法人では「実際に非課税となったものがある」と回答した割合が27.5%と最も多く、次いで、「助成（応募型）事業」が18.3%となっています。

上段：法人数 下段：構成比		全体	みなし譲渡所得課税の非課税措置の対応 1. 非課税申請が行われ、実際に非課税となったものがある	2. 非課税申請が行われ、国税庁長官の承認を受けたが、寄附から2年を経過した日までに寄附された資産を公益目的事業に使用しなかったため、非課税とならなかったものがある	3. 非課税申請が行われたが、国税庁長官の承認を受けられなかったものがある	4. 現在、非課税申請を行っている	5. 非課税申請が行われたものはない	6. わからない
全体		434 100.0%	57 13.1%	— —	— —	20 4.6%	191 44.0%	169 38.9%
【公表データ】法人の事業類型（平成30年）	検査・検定事業	11 100.0%	1 9.1%	— —	— —	— —	3 27.3%	7 63.6%
	資格付与事業	15 100.0%	2 13.3%	— —	— —	— —	7 46.7%	6 40.0%
	講座、セミナー、育成事業	260 100.0%	20 7.7%	— —	— —	4 1.5%	122 46.9%	114 43.8%
	体験活動等事業	132 100.0%	14 10.6%	— —	— —	2 1.5%	59 44.7%	57 43.2%
	相談、助言事業	116 100.0%	6 5.2%	— —	— —	1 0.9%	49 42.2%	60 51.7%
	調査、資料収集事業	172 100.0%	26 15.1%	— —	— —	2 1.2%	74 43.0%	70 40.7%
	技術開発、研究開発事業	24 100.0%	1 4.2%	— —	— —	— —	12 50.0%	11 45.8%
	キャンペーン、○○月間事業	57 100.0%	4 7.0%	— —	— —	— —	25 43.9%	28 49.1%
	展示会、○○ショー事業	30 100.0%	— —	— —	— —	1 3.3%	13 43.3%	16 53.3%
	博物館等の展示事業	102 100.0%	28 27.5%	— —	— —	2 2.0%	34 33.3%	38 37.3%
	施設の貸与事業	91 100.0%	8 8.8%	— —	— —	2 2.2%	37 40.7%	44 48.4%
	資金貸付、債務保証等事業	7 100.0%	— —	— —	— —	— —	6 85.7%	1 14.3%
	助成（応募型）事業	169 100.0%	31 18.3%	— —	— —	17 10.1%	73 43.2%	51 30.2%
	表彰、コンクール事業	99 100.0%	15 15.2%	— —	— —	3 3.0%	45 45.5%	37 37.4%
	競技会事業	33 100.0%	— —	— —	— —	— —	10 30.3%	23 69.7%
	自主公演	21 100.0%	1 4.8%	— —	— —	— —	10 47.6%	10 47.6%

	主催公演事業	38 100.0%	2 5.3%	— —	— —	— —	16 42.1%	20 52.6%
	その他	275 100.0%	27 9.8%	— —	— —	5 1.8%	124 45.1%	120 43.6%

（出典　内閣府：令和元年度公益法人の寄附金収入に関する実態調査　集計データ図75）

7-10 措置法第40条の承認の取消し

Q

国税庁長官の承認を受けた後、その承認が取り消され、課税されることはあるのでしょうか。

A

承認が取り消された後、課税されることはあります。

みなし譲渡所得税の非課税承認制度（措法40）「一般特例」の承認について、国税庁長官の承認を受けた後、以下のような事由が生じた場合には、その承認を取り消すことができるとされています（措法40②③、措令25の17⑩～⑱）。

【承認取消事由の例】

- 贈与等資産、代替資産、買換資産が公益目的事業の用に供されなくなった場合
- 贈与等をした者の所得税若しくはその親族等の相続税若しくは贈与税の負担を不当に減少させる結果となると認められることとなった場合

上記のような事由が生じ、この非課税承認制度の承認が取り消された場合には、その贈与等があった時に、その時の時価相当額により、その贈与等に係る譲渡があったものとして、その財産に係るみなし譲渡所得等の金額を計算し、次のいずれかの年分の所得として所得税が課税されます。

【取り消された場合、いつの所得になるのか】

- 非課税承認が取り消された日の属する年分
- 非課税承認が取り消された日までに、その贈与をした者が死亡していた場合には死亡の日の属する年分

・　遺贈のあった日の属する年分
・　非課税承認が取り消された日の属する年分以前にその公益法人等が解散した場合には、その解散の日の属する年分

また、この非課税承認制度の承認が取り消される時期の違いによって、課税を受ける者が変わります。

【誰に課税されるのか】
・　公益目的事業の用に供される前⇒寄附者個人
・　公益目的事業の用に供された後⇒贈与等を受けた公益法人等

解 説

1 贈与者（寄附者）個人に所得税が課税される場合

以下に掲げる事由に該当する場合には、贈与者（寄附者）に対して課税されます（措法40②）。

①　贈与等に係る財産又は代替資産が、贈与等があった日から２年を経過する日までの期間内に受贈法人の公益目的事業の用に直接供されなかったこと（措令25の17⑩）。

②　贈与等を受けた財産又は代替資産が、受贈法人の公益目的事業の用に直接供される前に、贈与等をした者の所得税の負担を不当に減少させ、又は贈与等をした者の親族等の相続税若しくは贈与税の負担を不当に減少させる結果となると認められること（措令25の17⑩）。

2　受贈法人である公益法人等に所得税が課税される場合

以下に掲げる事由に該当する場合には、いずれも贈与等を受けた公益法人等が、公益目的事業の用に直接供した後、その用に供しなくなるという、受贈法人の運営実態を原因とした後発事象であることから、贈与者（寄附者）ではなく、受贈法人に対して課税を行うものです（措法40③）。

① 贈与等に係る財産、代替資産又は買換資産を受贈法人の公益目的事業の用に直接供しなくなったこと（措令25の17⑬一）。

② 贈与等を受けた財産又は代替資産が受贈法人の公益目的事業の用に直接供された後に、贈与等をした者の所得税の負担を不当に減少させ、又は贈与等した者の親族等の相続税若しくは贈与税の負担を不当に減少させたこと（措令25の17⑬一）。

3　2年を経過する日までの期間内に公益目的事業の用に直接供されたかどうかの判定

株式や著作権などの、財産等の性質上、公益目的事業の用に直接供することができない財産の場合には、「贈与又は遺贈があった日以後に当該財産等から生じた果実を最初に当該公益目的事業の用に供した日」と定められています（措法40条通達23）。

よって、株式等の場合には、公益法人等の理事会で受入れ決議をした日から、配当金を受領し、その配当金を公益目的事業である奨学金等として支出した日までの期間が2年以内かどうかで判断されます。

4　取消事由に該当しない場合

以下に掲げる場合には、承認の取消事由に該当しないものとされています（措法40②③、措令25の17⑪⑮）。

① 受贈法人が国税庁長官の承認を受けた贈与等にかかる財産又は代替資産を国又は地方公共団体に対して贈与した場合

② 公益認定法第29条第1項又は第2項の規定による同法第5条に規定する公益認定の取消しの処分を受けた場合で同条第17号に規定する定款の定めに従い、その有する同法第30条第2項に規定する公益目的取得財産残額に相当する額の財産を国又は地方公共団体に贈与したとき

7-11 措置法第 40 条の不承認又は取消しとなった場合の延滞税

Q

みなし譲渡所得税の非課税承認制度（措法 40）の承認申請書を提出した後に不承認となった場合や、承認を受けた後にその承認が取り消された場合には、みなし譲渡所得税が課税されることがわかりました。

その際、延滞税はかかるのでしょうか。

A

延滞税は課されます。

解説

延滞税の計算期間については、贈与等があった日から起算されるのではなく、次の(1)又は(2)の不承認の決定又は承認の取消しの通知をした日の翌日から起算され、その所得税の額を完納するまでの期間とされます（措法 40 ⑱、措令 25 の 17 ㉜㉝）。

(1)　不承認の決定又は租税特別措置法第 40 条第 2 項の規定による承認の取消しがあった場合における申請者又は非課税承認を受けていた者の納付すべきこととなる所得税の額※

(2)　租税特別措置法第 40 条第 3 項に規定による承認の取消しがあった場合における受贈法人の納付すべき所得税の額

ただし、その非課税承認の取消しの日までに、贈与者が死亡していたり、遺贈であったり、財産の贈与を受けた公益法人等が解散している場合には、その所得税の額に対する延滞税の計算に当たっては、それの所得税の法定納期限の翌日を起算日としていますが、法定納期限の翌日よりも通知日が遅い場合には、その通知をした日の翌日からその所得税が完納するまでの期間を基礎として計算することとされています。

※　その者の納付すべき所得税の額から租税特別措置法第40条第1項後段の承認があったものとした場合において計算されるその者の納付すべき所得税の額を控除した金額に相当する金額（措令25の17㉝）

【図1 非課税承認の取消しの日までに、贈与者死亡、遺贈、公益法人等が解散している場合の延滞税の計算方法】

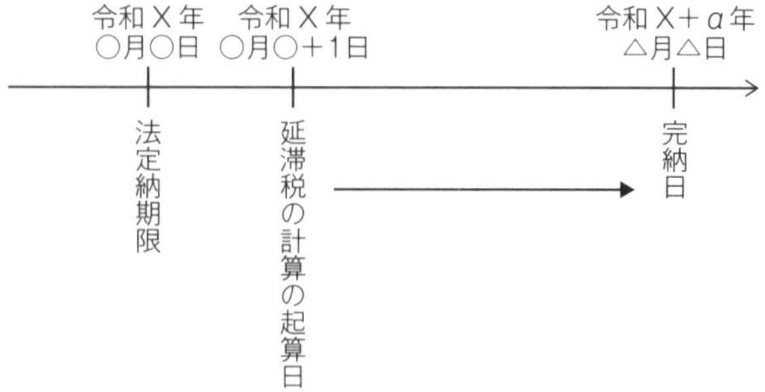

【図2 図1のケースで法定納期限の翌日より通知日が遅い場合の延滞税の計算方法】

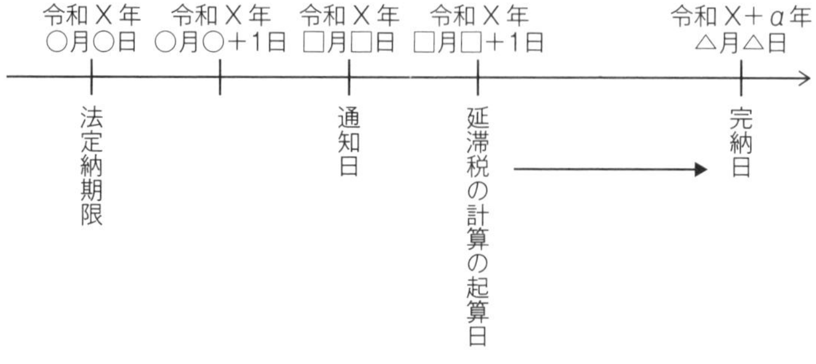

7-12 措置法第40条の適用を受ける場合の寄附金控除

Q

納税者が国や地方公共団体、特定公益増進法人などに対し「特定寄附金」を支出した場合には、所得控除（寄附金控除）を受けることができますが、みなし譲渡所得税の非課税承認制度（措法40）「一般特例」の適用を受ける場合にも適用されるのでしょうか。

A

寄附金控除は、みなし譲渡所得税の非課税承認制度（措法40）の承認を受けた場合にも、本非課税承認制度が不承認となった場合や認定が取り消された場合にも受けることができます。

ただし、それぞれ「特定寄附金として支出した額」となる金額が異なります。

実務上、まず、みなし譲渡所得税の非課税承認制度（措法40）に係る承認申請書を提出する時にかかる年分の所得税の申告時に、寄附財産の簿価相当額を「特定寄附金として支出した額」として寄附金控除を受けます。

残念ながら、非課税承認制度が不承認となった場合や認定が取り消された場合には、その譲渡益相当額を「特定寄附金として支出した額」として追加的にその年において寄附金控除を受けます。

【特定寄附金として支出した額】

承認を受けた場合	寄附財産の簿価相当額 （時価から非課税とされる譲渡益相当額を控除した金額）
不承認となった場合 認定取消となった場合	寄附財産の譲渡益相当額 （非課税とされなかった譲渡益相当額）

解　説

1　みなし譲渡所得の非課税承認制度（措法40）の承認を受けた場合

租税特別措置法第40条第1項《国等に対して財産を寄附した場合のみなし譲渡所得の非課税承認制度》の規定の適用を受ける場合の所得税法第78条第1項《寄附金控除》又は租税特別措置法第41条の18の2《認定特定非営利活動法人等に寄附をした場合の寄附金控除の特例又は所得税額の特別控除》若しくは第41条の18の3《公益社団法人等に寄附をした場合の所得税額の特別控除》の規定の適用がある場合における、寄附金控除又は特別控除を計算する場合の特定寄附金の支出額は、その承認を受ける財産の時価から非課税とされる譲渡益に相当する金額を控除した金額とされます（措法40⑲）。

2　租税特別措置法第40条第2項の規定により取り消された場合の寄附金控除

租税特別措置法第40条《国等に対して財産を寄附した場合の譲渡所得等の非課税》第2項の規定により承認が取り消された場合で、その取り消された年分の所得税法第78条《寄附金控除》第1項又は租税特別措置法第41条の18の2《認定特定非営利活動法人等に寄附をした場合の寄附金控除の特例又は所得税額の特別控除》若しくは第41条の18の3《公益社団法人等に寄附をした場合の所得税額の特別控除》に規定する寄附金控除又は所得税の特別控除を計算するときの特定寄附金の支出額は、その承認が取り消された財産の譲渡益に相当する金額とされます（措令25の17㉞）。

7-13 措置法第 70 条による非課税制度

Q　相続人が被相続人から相続した財産を公益法人等に寄附した場合に、相続税が非課税になる制度について教えてください。

A　相続人が被相続人から相続した財産を公益法人等に寄附した場合に、相続税が非課税になる制度は、租税特別措置法第 70 条に規定されています。

当該制度は、相続又は遺贈により財産を取得した者が、その取得した財産を、相続税の申告書の提出期限までに、国、地方公共団体又は特定の公益法人に贈与した場合に、その贈与により贈与者又はその親族その他これらの者と特別の関係がある者の相続税又は贈与税の負担が不当に減少すると認められる場合を除き、その贈与財産については相続税が課税されないというものです。

相続人が公益法人等に対して寄附を行うことが前提となっているため、贈与財産が現金以外の財産で、かつ、当該財産に含み益がある場合には、相続人にみなし譲渡所得税が生じることから、租税特別措置法第 40 条の適用がセットになります。

なお、租税特別措置法第 70 条と同法第 40 条では要件が異なる部分があるため、注意が必要です。

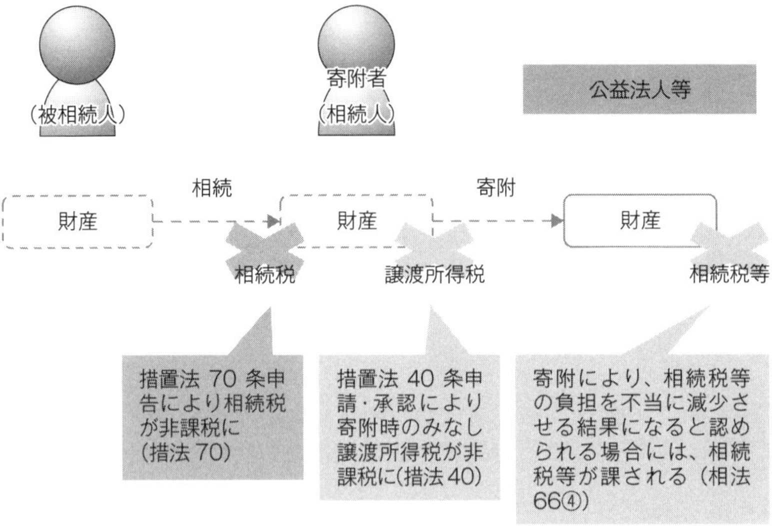

解　説

1　租税特別措置法第70条の適用要件

以下4つの要件すべてを満たすことが求められています（措法70①）。

① 贈与した財産は、相続又は遺贈により取得した財産（みなし相続財産を含む。）であること。

② 贈与が、相続税の申告書提出期限までに行われていること。

③ 贈与の相手方は、国、地方公共団体、特定の公益法人又は認定特定非営利活動法人であること。

注意）既設の法人に限定。

注意）特定一般法人（一般社団法人又は一般財団法人の非営利型法人のうち、非営利徹底型の法人）を含まない。

④ 贈与により贈与した者又はその親族その他これらの者と特別の関係がある者の相続税又は贈与税の負担が不当に減少する結果となると認められる場合でないこと。

なお、この制度は、財産の贈与を受けた法人が特定の公益法人又は認定特定非営利活動法人である場合には、その贈与を受けた日から2年を経過した日までに、その贈与財産を公益目的事業の用に供していないなど一定の事由があるときは、本制度を適用しないこととなっています。

よって、そのような場合には、その2年を経過した日の翌日から4か月以内に相続税の修正申告書等を提出しなければなりません。

2　租税特別措置法第40条（一般特例）と第70条の主な相違点

租税特別措置法第70条には、同法第40条と要件の異なる部分があります。

その主な相違点は次のとおりです。

項目	措置法第40条「一般特例」	措置法第70条
1．対象資産	山林又は譲渡所得の起因となる資産	相続（遺贈）財産の全て
2．低額譲渡	含まない	含む
3．対象法人	公益社団法人、公益財団法人、特定一般法人又は公益を目的とする事業を行う法人 ①　設立のための財産提供を含む ②　宗教法人及び一定の医療法人を含む ③　認定特定非営利活動法人に限られない	公益社団法人、公益財団法人又は公益を目的とする事業を行う法人のうち、個別に掲名されたもの又は限定列挙された業務を主たる目的とする法人、認定特定非営利活動法人 ①　設立のための財産提供を含まない ②　宗教法人及び一定の医療法人を含まない ③　認定特定非営利活動法人に限られる

4．公益目的事業の用に供することの意義※	原則として、寄附財産を公益を目的とする事業の用に直接供することが必要	寄附財産を公益を目的とする事業の用に直接供するかどうかを問わない
5．公益事業の用の供する期限	原則として、2年以内に、公益を目的とする事業の用に直接供さなければならない ただし、一定のやむを得ない事情がある場合には、国税庁長官が認める日までの期間内延長可	2年以内に公益を目的とする事業の用に供さなければならない 例外規定はない
6．取戻し規定	①　原則として、2年以内に公益を目的とする事業の用に直接供されなかったとき ②　贈与財産が公益を目的とする事業の用に直接供されなくなったとき ③　相続税等の不当減少があったとき ⇒承認を取り消して、取消年分又は死亡年分の所得として課税 （2年以内に公益を目的とする事業の用に直接供された後は、受贈法人を個人とみなして課税）	2年以内に公益を目的とする事業の用に供されなかったとき ⇒相続税の課税対象となる。贈与の日から2年を経過した日の翌日から4か月以内が修正申告期限
7．適用手続	原則として、承認申請書等を寄附の日から4か月以内に税務署長を経由して国税庁長官に提出 （宥恕規定あり）	受贈法人の贈与を受けた旨の証明書及び受贈法人が特例対象法人であることの主務官庁の証明書を期限内相続税申告書に添付 （宥恕規定なし）

※「公益を目的とする事業に供されているかどうか」の判断（措通70-1-13）贈与財産が贈与時のままでその用に供されているかどうかは問わないものとする。

7-14 措置法第 40 条、第 70 条の適用場面とは

Q　措置法第 40 条や第 70 条は、どのような場面で使用されるのでしょうか。具体的な事例を教えてください。

A　次の 2 つの事例をもとにご説明します。

解説

事例①　社会貢献の実現のため公益財団法人を設立

X 社の創業者である甲氏は、長年にわたり社会貢献活動を個人的に行ってきました。その想いを後世に残し、その活動が永続的に行えるよう、公益財団法人を設立し、自社株式を寄附しました。

本来であれば、所得税法第 59 条《贈与等の場合の譲渡所得等の特例》第 1 項の規定により、その自社株式の含み益相当額に対して、みなし譲渡所得税が課されます。しかし、租税特別措置法第 40 条の一定の要件（「**7-4** 措置法第 40 条の適用要件の概要」132 頁参照）を充足し、その承認を受けたことで、非課税にてその財産を公益財団法人へ移転しました。

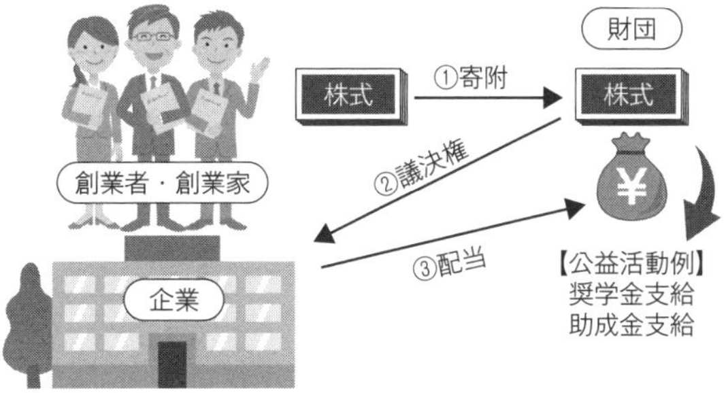

甲氏から自社株式の寄附を受けた財団の運営は、寄附を受けた株式からの配当金によって奨学金の支給など公益目的事業費を賄います。

公益目的事業費以外の財団を運営するために係る費用は、個人や企業からの寄附によって賄います。

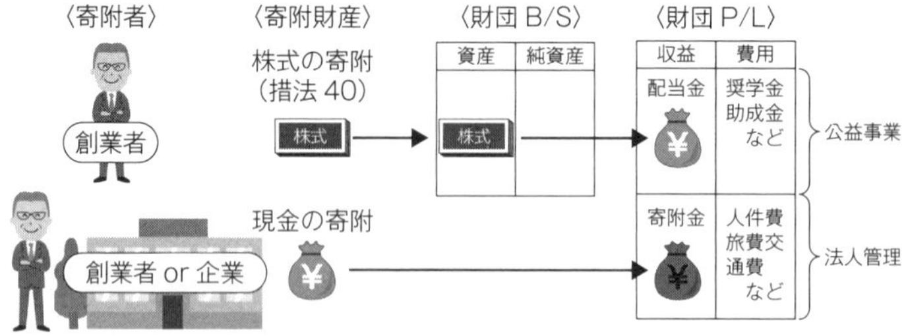

なお、生前は自社株式をご自身で保有されていたい場合には、「遺言」において自社株式の帰属先をその公益財団法人と指定することで、上記と同様に租税特別措置法第40条の適用を受け、その財産を非課税で公益財団法人へ移管することが可能です。

財団法人は財産に人格が与えられた制度であることから、寄附者の想いをとても大切にしています。よって、「遺言」において財産の帰属先を公益財団法人と指定される場合には、寄附に至る想いや目的、どのようにその財産を使ってほしいか（使途）を併せて記載することをおすすめします。

事例②　相続で引き継いだ自社株式を既存の公益財団法人へ寄附

相続人の乙氏は、父である被相続人丙氏から、相続により自社株式を譲り受けました。

丙氏は生前から社会貢献活への意欲が強く、既に研究助成事業を行う公益財団法人を設立し運営していました。その公益財団法人の運営費は、全て丙氏からの現金の寄附で賄われていました。

急な相続であったことから、遺言書の準備はなく、乙氏はどうするべきか悩みました。その結果、親族等とも相談し、父の社会貢献活動に対する強い想いを引き継ぐべきであると考えました。

我が国の公益増進に寄与するため、その公益財団法人の公益目的事業の規模を縮小することなく安定的に運営できるよう、その公益財団法人に対して、相続で引き継いだ自社株式を寄附することに決めました。

ただし、当該自社株式は含み益があることから、租税特別措置法第70条の適用だけでなく、税特別措置法第40条の適用を受ける必要があることから、管理費相当額については、その公益財団法人の趣旨に賛同した株式会社からの寄附金にて運営しています。

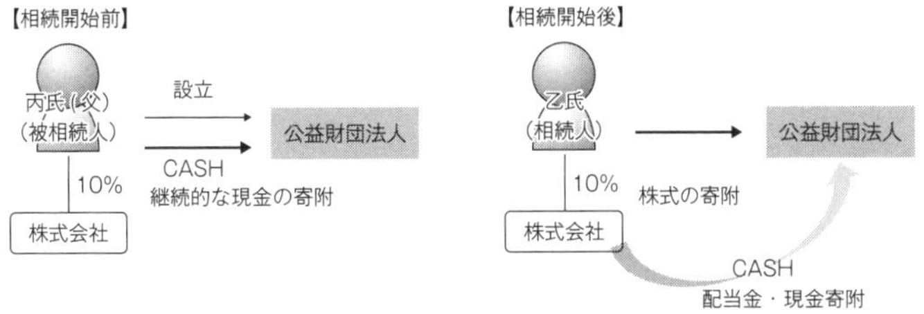

寄附に係る対応手順は以下の通りです。

①　相続開始から10か月以内に、自社株式を公益財団法人へ寄附します。

　公益財団法人では、理事会の受入決議が必要となります。

②　相続開始から10か月以内に、相続税申告書を提出します（措法70）。

③　①の受入決議から4か月以内に、税特別措置法第40条の承認申請書を提出します。

第8章

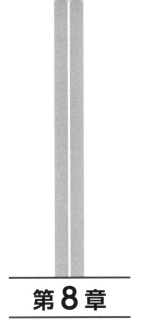

公益法人等の合併

8-1 合併ができる法人

Q 社団法人や財団法人は合併ができるのでしょうか。
また、できるとした場合に何か制限はありますか。

A 社団法人や財団法人は、他の社団法人や財団法人と合併をすることができます。
なお、会社法に規定する株式会社、合名会社、合資会社又は合同会社とは合併できません。

解説

1 旧民法の取扱い

旧民法には、合併に関する規定がなかったため、公益法人は合併をすることができませんでした。そのため、合併と同様の効果がある方法として、一方の法人を解散して、財産を他方の法人に贈与することにより、事実上の合併を行っていました。

しかし、合併の本質的な要素と考えられる、権利義務の包括承継と財産の移転元の法人が自動的に解散・消滅することはできなかったと思われます。

2 一般法人法の制定

一般法人法では合併に関する規定が設けられました。これにより、一般法人法に規定する法人である一般社団法人又は一般財団法人は、法令上も合併することが可能になりました（一般法242）。合併により、被合併法人の権利義務の包括承継や自動的な解散・消滅も法令に明記されました（一般法245）。もちろん、公益社団法人又は公益財団法人についても公益認定を受けた一般社団法人又は一般財団法人のことですので、合併をすることができます。

なお、会社法に規定する会社、すなわち、株式会社、合名会社、合資会社又は合同会社とは合併はできません（会社法748）。

合併ができる法人を図表で表すと次の通りになります。

【合併ができる法人】

合併法人＼被合併法人	一般社団法人	一般財団法人	公益社団法人	公益財団法人
一般社団法人	○	○	○	○
一般財団法人	○	○	○	○
公益社団法人	○	○	○	○
公益財団法人	○	○	○	○

このように、一般法人法に規定する法人相互間ではどのような組合せも可能です。しかし、公益認定を受けていない法人同士の場合や、一般社団法人等を合併法人とし公益社団法人等を被合併法人とする場合には、合併により公益社団法人や公益財団法人になることはできません。

なお、公益認定を受けている法人が合併する場合には、一定の届出書を提出する必要があるとされています（認定法24①一）。また、公益社団法人等が、合併当事者が消滅する新設合併を行う場合には、合併により設立された新設法人が公益認定基準に適合してはじめて、公益社団法人等としての地位が維持されることになります（認定法25）。

3 合併の制限

なお、社団法人同士が合併する場合には、財団法人にはなれず、合併後の法人は社団法人となります。財団法人同士が合併する場合には、社団法人にはなれず、合併後の法人は財団法人となります（一般法243①）。

また、合併する社団法人が基金制度を採用している場合において、合併契約の締結の日までに基金の全額を返還していないときは、合併法人は社団法人でなければならないとされています（一般法243②）。

8-2 税制適格要件

Q 社団法人や財団法人が合併する場合には、どのような課税関係になりますか。

A 社団法人や財団法人が合併する場合には、原則として、被合併法人はその資産及び負債を合併法人に時価で譲渡したものとされます。

ただし、税制適格要件を満たしている場合には、合併により移転する資産及び負債は帳簿価額で移転したものとされ、譲渡損益は生じません。

なお、社団法人や財団法人を被合併法人とする適格合併の場合には、原則として、欠損金を合併法人に引き継ぐことができます。

解説

1 合併による資産及び負債の移転

合併による被合併法人から合併法人への資産及び負債の移転も、法人税法上は「譲渡」とされます。よって、法人税法の原則に従い、被合併法人は合併法人に対して時価でその有する資産及び負債を譲渡したものとして譲渡損益を認識することになります（法法62①）。

ただし、税制適格要件を満たす合併（以下「適格合併」という。）の場合には、合併による被合併法人から合併法人への資産及び負債の移転を、合併法人が被合併法人の帳簿価額で引き継いだものとされ、合併による譲渡損益は生じません（法法62の2①）。

2 適格合併

(1) 税制適格要件

適格合併となるためには税制適格要件を満たす必要があり、法人税法上、この要件は次の３つのパターンに分けることができます（法法2十二の八）。

① 100％グループ内の合併

② 50％超 100％未満グループ内の合併

③ 共同で事業を行うための合併（共同事業要件を充足した合併）

社団法人や財団法人には持分がなく、資本関係によりグループを構成することがないため、適格合併となるためには、③の共同で事業を行うための合併（共同事業要件を充足した合併）に該当する必要があります。

(2) 共同で事業を行うための合併

社団法人や財団法人における共同で事業を行うための合併の要件は、次の図表の通りです。すべての要件を満たした場合に、その合併は適格合併になります。

【共同で事業を行うための合併】

要件の充足基準		次の①から④までのすべてに該当するもの
No.	要件	共同事業要件〈共同で事業を行うための合併〉（法令４の３④）
①	事業関連性要件	被合併事業（被合併法人の合併前に行う主要な事業のうちのいずれかの事業）と合併事業（合併法人の合併前に行う事業のうちのいずれかの事業）とが相互に関連するものであること

②	事業規模比 5倍以内要件 又は 特定役員引継要件	被合併事業と合併事業（被合併事業と関連する事業に限る）のそれぞれの売上金額、従業者の数、又はこれらに準ずるものの規模の割合がおおむね5倍を超えないこと 又は 合併前の被合併法人の特定役員のいずれかと合併法人の特定役員のいずれかとが合併後に合併法人の特定役員となることが見込まれていること
③	従業者引継要件	被合併法人の合併の直前の従業者のうち、その総数のおおむね80%以上に相当する数の者が合併後に合併法人の業務（合併後に行われる適格合併により被合併法人の被合併事業がその適格合併に係る合併法人に移転することが見込まれている場合における合併法人の業務を含む。）に従事することが見込まれていること
④	主要事業引継要件	被合併事業（合併事業と関連する事業に限る。）が合併後に合併法人（合併後に行われる適格合併により被合併事業がその適格合併に係る合併法人に移転することが見込まれている場合における合併法人を含む。）において引き続き行われることが見込まれていること

①　事業関連性要件について

上記のうち、事業関連性要件については、これらの法人が行う収益事業だけではなく、これらの法人が行う公益事業を含めた事業全体で関連性があるかどうかを判定することが明らかにされています(注)。

②　特定役員引継要件について

特定役員引継要件では、特定役員とはどのような役員なのかが問題となります。

普通法人における特定役員とは常務取締役以上の役員とされていることからすると、社団法人や財団法人における特定役員とは、理事長、代表理事、副理事長、副代表理事、専務理事、常務理事又は業務執行理事等で法人の経営に従事している者が該当することになると考えられます。

(注)　国税庁 HP「一般財団法人間の合併に対する適格判定における「事業関連性要件」の判定」https://www.nta.go.jp/law/shitsugi/hojin/33/15.htm

(3) 欠損金額の引継ぎ

合併法人が被合併法人の欠損金額を引き継ぐためには、適格合併であることが前提です。ただし、適格合併であるからといって無条件に引き継げるわけではなく、グループ化以後に生じた欠損金など一定のものに制限されています。

先の通り、社団法人や財団法人の場合には、上記**(1)**③の「共同で事業を行うための合併（共同事業要件を充足した合併）」に限り、税制適格要件を満たすことができます。そして、この要件を満たした適格合併の場合には、欠損金額の引継ぎについて上記の制限はないことになっています（法法57③)。

つまり、社団法人や財団法人が行う合併が適格合併に該当する場合には、被合併法人の欠損金額も無条件で引き継ぐことができることになります。

ただし、「**8-5**　公益法人等を合併法人とし一般社団法人等を被合併法人とする適格合併」(201頁）に後述する通り、公益法人等を合併法人とし、一般社団法人等を被合併法人とする合併の場合には、その合併が適格合併に該当する場合であっても、欠損金額を引き継ぐことはできません（法令14の7③)。これは、普通法人から公益法人等へ移行する場合と同様に、合併により課税所得の範囲が変更されることになるため、それまでの課税関係をリセットする趣旨によるものです。

8-3 公益法人等同士の適格合併

Q　公益法人等同士が適格合併を行う場合には、どのような課税関係になりますか。

A　公益法人等が他の公益法人等と合併する場合に、税制適格要件を満たしている場合（適格合併の場合）には、被合併法人である公益法人等はその資産及び負債を合併法人である公益法人等に帳簿価額で移転したものとされます。

その際、被合併法人の欠損金及び利益積立金は合併法人に引き継がれます。

解説

1　公益法人等同士の合併

公益法人等同士の合併、具体的には次の図表に記載した法人同士が合併する場合には、適格合併か非適格合併かにより、法人税法上の取扱いが異なります。

なお、適格・非適格にかかわらず、公益法人等同士の合併は、被合併法人の全て又は合併法人が資本又は出資を有しない類型の合併に該当するため、合併により合併法人の資本金等の額は増加しません（法令8①五）。

【公益法人等の合併】

被合併法人＼合併法人	一般社団法人（非営利型）	一般財団法人（非営利型）	公益社団法人	公益財団法人
一般社団法人（非営利型）	○	○	○	○
一般財団法人（非営利型）	○	○	○	○
公益社団法人	○	○	○	○
公益財団法人	○	○	○	○

2　適格合併の場合

(1) 合併法人の取扱い

①　資産及び負債の引継ぎ

公益法人等が適格合併により合併法人にその有する資産及び負債の移転をしたときは、合併法人は、これらの資産及び負債を被合併法人の最後事業年度終了の時の帳簿価額により引継ぎをしたものとされます（法法62の2①、法令123の3①③）。

②　利益積立金額の引継ぎ

被合併法人が公益法人等である場合における合併法人の増加する利益積立金額は、被合併法人の適格合併の日の前日の属する事業年度終了の時の利益積立金額に相当する金額となります（法令9二）。

つまり、適格合併の場合には、合併法人は被合併法人の利益積立金額を引き継ぐことになります。

③　欠損金額の引継ぎ

法人税法上、持分のない法人同士が行う合併は、前記「**8-2**　税制適格要件」の「共同で事業を行うための合併（共同事業要件を充足した合併）」の場合に限り、税制適格要件を満たすことができます（186頁参照）。

そして、この要件を満たした適格合併の場合には、被合併法人の欠損金額の引継ぎについて、青色申告要件のほか特段の要件はないことになっています（法法57③、58①）。

よって、持分のない法人同士が適格合併をする場合には、被合併法人の欠損金額、具体的には、被合併法人の適格合併の日前10年以内に開始した各事業年度において生じた欠損金額を、合併法人に引き継ぐことができます。

なお、適格合併の場合には、合併法人の有する欠損金額の利用について制限が生じる場合がありますが、これについても、「共同で事業を行うための合併（共同事業要件を充足した合併）」の場合には制限はありません（法法57④）。

④　その他の差額

被合併法人から資産及び負債を帳簿価額で受け入れ、利益積立金額を引き継いだとしても、例えば、被合併法人が資産超過の場合には、なおその他の差額が生じます。

【合併法人におけるその他の差額】

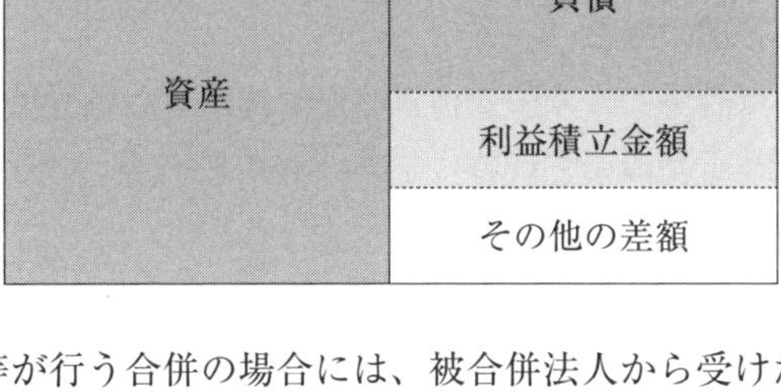

株式会社等が行う合併の場合には、被合併法人から受けた資産及び負

債の対価として、合併法人はその株式等を交付するところ、公益法人等には株主がいないため、これを行うことができません（又は、行う必要がありません）。

合併法人は、その他の差額について、被合併法人から財産価値のあるものを無償で譲り受けたことになるため、その部分について無償による資産の譲受け（法法22②）に該当することになると考えられます（注）。

これについては、合併により合併法人が被合併法人から無償で資産の譲受けを受ける行為は、収益事業として特掲された34業種（法令5①）のいずれにも該当せず、継続して事業場を設けて行われるもの（法法2十三）ではないと考えられることから、合併法人が収益事業を行っていたかどうかにかかわらず、課税の対象とはならないと考えます。

（注）　なお、将来的に配当課税を受けるべき株主が合併法人に存在しないため、利益積立金額部分についても同様の整理ができると考えられますが、本文**(1)**②の通り、合併法人は被合併法人から利益積立金額の引継ぎを受けることとされているため、その部分について無償による資産の譲渡・譲受けには該当しないこととしています。

(2) 被合併法人の取扱い

①　資産及び負債の移転

公益法人等が適格合併により合併法人にその有する資産及び負債の移転をしたときは、その適格合併に係る被合併法人の最後事業年度終了の時の帳簿価額により移転したものとされます（法法62の2①）。

よって、合併による資産及び負債の移転損益は認識されません。

②　利益積立金額の移転

被合併法人は合併により法人格自体が消滅するため、利益積立金額の減少（消滅）規定については特に定めはありません。なお、消滅する法人の利益積立金額に関する減少規定が設けられていないことは普通法人の場合であっても同様です。

しかし、上記**(1)**②の通り、適格合併の場合には、合併法人は被合併法人の利益積立金額を引き継ぐこととされています。

③　欠損金額の移転

被合併法人は合併により法人格自体が消滅するため、欠損金額の減少（消滅）規定については特に定めはありません。なお、消滅する法人の欠損金額に関する減少規定が設けられていないことは普通法人の場合であっても同様です。

しかし、上記(1)③の通り、適格合併の場合には、合併法人は被合併法人の欠損金額を引き継ぐこととされています。

④　その他の差額

合併法人へ資産及び負債を帳簿価額により移転し、利益積立金額を引き継がせたとしても、例えば、被合併法人が資産超過の場合には、なおその他の差額が生じます。

【被合併法人におけるその他の差額】

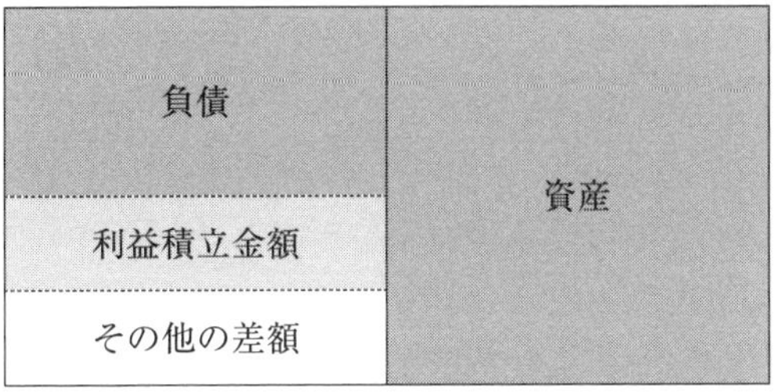

株式会社等が行う合併の場合には、被合併法人から受けた資産及び負債の対価として、合併法人はその株式等を交付するところ、公益法人等には株主がいない（持分がない）ため、これを行うことができません（又は、行う必要がありません）。

被合併法人は、その他の差額について、合併法人へ財産価値のあるものを無償で譲渡したことになるため、その部分について寄附金を支出したとされるおそれがあります（192頁の（注）参照）。

これについては、被合併法人から合併法人への寄附金と構成したとしても、寄附金の損金不算入制度（法法37①）は、いったん寄附金として費用に計上されたもののうちその全部又は一部を損金不算入とするものであるため、その寄附金が収益事業の範囲のものかどうかにかかわらず、被合併法人に新たに課税所得が生じることにはならないと考えます。

8-4 公益法人等同士の非適格合併

Q 　公益法人等同士が非適格合併を行う場合には、どのような課税関係になりますか。

A 　公益法人等が他の公益法人等と合併する場合で、税制適格要件を満たしていない場合（非適格合併の場合）には、被合併法人である公益法人等はその資産及び負債を合併法人である公益法人等に時価で移転したものとされます。その際、被合併法人の欠損金及び利益積立金は合併法人に引き継ぐことはできません。

　ただし、非適格合併であっても、通常は被合併法人に課税関係は生じないものと考えられます。

解説

1 公益法人等同士の合併

　公益法人等同士の合併、具体的には次の図表に記載した法人同士が合併する場合には、適格合併か非適格合併かにより、法人税法上の取扱いが異なります。

　なお、適格・非適格にかかわらず、公益法人等同士の合併は、被合併法人の全て又は合併法人が資本又は出資を有しない類型の合併に該当するため、合併により合併法人の資本金等の額は増加しません（法令8①五)。

【公益法人等の合併】

被合併法人＼合併法人	一般社団法人（非営利型）	一般財団法人（非営利型）	公益社団法人	公益財団法人
一般社団法人（非営利型）	○	○	○	○
一般財団法人（非営利型）	○	○	○	○
公益社団法人	○	○	○	○
公益財団法人	○	○	○	○

2　非適格合併の場合

(1) 合併法人の取扱い

①　資産及び負債の取得

公益法人等が非適格合併により合併法人にその有する資産及び負債の移転をしたときは、合併法人は、これらの資産及び負債を合併時の時価により取得したものとされます（法法62①）。

②　利益積立金額の引継ぎ不可

上記①の通り、非適格合併の場合には、合併法人は被合併法人の資産及び負債を時価により取得したことになります。これは、通常の資産譲渡などと変わらないと考えられます。よって、被合併法人の従前の課税関係が遮断されることになるため、被合併法人の利益積立金額を引き継ぐことはできません。

③　欠損金額の引継ぎ不可

②と同様に、非適格合併の場合には、合併法人は被合併法人の資産及

び負債を時価により取得したことになります。これは、通常の資産譲渡などと変わらないと考えられます。よって、被合併法人の従前の課税関係が遮断されることになるため、被合併法人の欠損金額を引き継ぐことはできません。

④　その他の差額

被合併法人から資産及び負債を時価で受け入れた場合、例えば、被合併法人が資産超過の場合には、資産と負債との差額が生じます。

【合併法人におけるその他の差額】

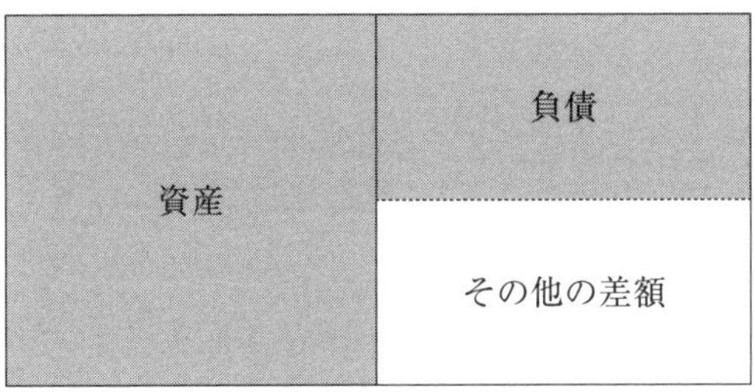

株式会社等が行う合併の場合には、被合併法人から受けた資産及び負債の対価として、合併法人はその株式等を交付するところ、公益法人等には株主がいない（持分がない）ため、これを行うことができません（又は、行う必要がありません）。

合併法人は、その他の差額について、被合併法人から財産価値のあるものを無償で譲り受けたことになるため、その部分について無償による資産の譲受け（法法22②）に該当することになると考えられます。

これについては、合併により合併法人が被合併法人から無償で資産の譲受けを受ける行為は、収益事業として特掲された34業種（法令5①）のいずれにも該当せず、継続して事業場を設けて行われるもの（法法2十三）ではないと考えられることから、合併法人が収益事業を行っていたかどうかにかかわらず、課税の対象とはならないと考えます。

(2) 被合併法人の取扱い

①　資産及び負債の譲渡

公益法人等が非適格合併により合併法人にその有する資産及び負債の移転をしたときは、被合併法人は、これらの資産及び負債を合併時の時価により譲渡したものとされます（法法62①）。

この場合において、これらの譲渡による譲渡損益は、被合併法人の最後事業年度の所得金額の計算上、益金の額又は損金の額に算入されます（法法62②）。

そして、この譲渡損益については、次の区分に応じ、それぞれ次の取扱いになると考えられます。

イ　被合併法人が収益事業を行っていた場合

被合併法人が収益事業を行っていた場合において、その性質上その収益事業に付随して行われる行為は、収益事業に該当するものとされています（法令５①）。

そして、公益法人等が収益事業に属する固定資産等を処分する行為は、収益事業に係る事業活動の一環として、又はこれに関連して行われる行為として、収益事業に付随する行為とされています（法基通15-1-6（6））。

これは、収益事業に使用していた固定資産等について行われる譲渡、廃棄、除却などの処分は、事業活動の中で恒常的に行われるものであることから、その事業の付随行為とされているものです。

しかし、合併による資産及び負債の譲渡は、一般的な譲渡とは異なり、事業活動の中で恒常的に行われるものとは異なるものではないかと考えられます。

また、収益事業に属する固定資産として相当期間（おおむね10年以上）保有していたものの処分損益や、収益事業の全部又は一部の廃止に伴う固定資産の処分損益は収益事業に含めないことができることとされています（法基通15-2-10）。

なお、収益事業以外の事業に属する資産又は負債の譲渡損益については、次のロと同様の取扱いとなります。

ロ　被合併法人が収益事業を行っていなかった場合

被合併法人が収益事業を行っていない場合には、合併による資産及び負債の譲渡それ自体が、収益事業に該当するかどうかにより課税関係が決まることになります。

この点、合併による資産及び負債の譲渡は、収益事業として特掲された34業種（法令5①）に該当せず、継続して事業場を設けて行われるもの（法法2十三）ではないと考えられることから、法人税の課税対象にはならないと考えます。

②　利益積立金額の移転不可

被合併法人は合併により法人格自体が消滅するため、利益積立金額の減少（消滅）規定については特に定めはありません。なお、消滅する法人の利益積立金額に関する減少規定が設けられていないことは普通法人の場合であっても同様です。

③　欠損金額の移転不可

被合併法人は合併により法人格自体が消滅するため、欠損金額の減少（消滅）規定については特に定めはありません。なお、消滅する法人の欠損金額に関する減少規定が設けられていないことは普通法人の場合であっても同様です。

④　その他の差額

合併法人へ資産及び負債を時価により移転した場合、例えば、被合併法人が資産超過の場合には、資産と負債との差額が生じます。

【被合併法人におけるその他の差額】

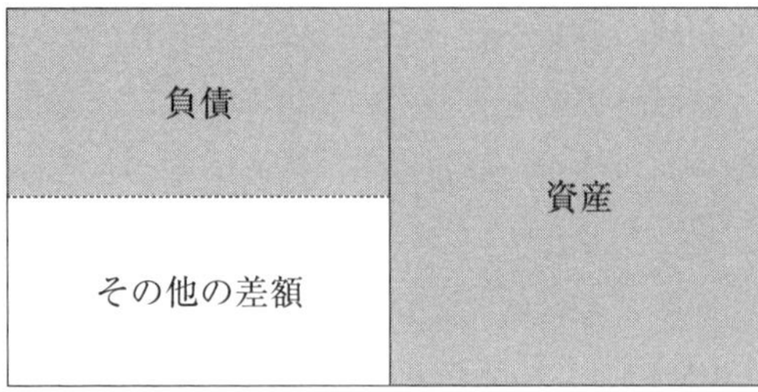

株式会社等が行う合併の場合には、被合併法人から受けた資産及び負債の対価として、合併法人はその株式等を交付するところ、公益法人等には株主がいないため、これを行うことができません（又は、行う必要がありません）。

被合併法人は、その他の差額について、合併法人へ財産価値のあるものを無償で譲渡したことになるため、その部分について寄附金を支出したとされるおそれがあります。

これについては、被合併法人から合併法人への寄附金と構成したとしても、寄附金の損金不算入制度（法法37①）は、いったん寄附金として費用に計上されたもののうちその全部又は一部を損金不算入とするものであるため、その寄附金が収益事業の範囲のものかどうかにかかわらず、被合併法人に新たに課税所得が生じることにはならないと考えます。

8-5 公益法人等を合併法人とし一般社団法人等を被合併法人とする適格合併

Q　公益法人等を合併法人とし一般社団法人等を被合併法人とする適格合併を行う場合には、どのような課税関係になりますか。

A　公益法人等を合併法人とし一般社団法人等を被合併法人とする合併をする場合に、税制適格要件を満たしている場合（適格合併の場合）には、被合併法人である一般社団法人等はその資産及び負債を合併法人である公益法人等に帳簿価額で移転したものとされます。

ただし、適格合併に該当しないものとみなして適用される規定があります。

解説

1 公益法人等を合併法人とし一般社団法人等を被合併法人とする合併

公益法人等を合併法人とし一般社団法人等を被合併法人とする合併、具体的には次の図表に記載した法人同士が合併する場合には、適格合併か非適格合併かにより、法人税法上の取扱いが異なります。

なお、適格・非適格にかかわらず、このような合併は、被合併法人の全て又は合併法人が資本又は出資を有しない類型の合併に該当するため、合併により合併法人の資本金等の額は増加しません（法令8①五）。

【公益法人等を合併法人とし一般社団法人等を被合併法人とする合併】

合併法人／被合併法人	一般社団法人（非営利型）	一般財団法人（非営利型）	公益社団法人	公益財団法人
一般社団法人（営利型）	○	○	○	○
一般財団法人（営利型）	○	○	○	○

2　適格合併の場合

(1) 合併法人の取扱い

①　資産及び負債の引継ぎ

一般社団法人等が適格合併により合併法人にその有する資産及び負債の移転をしたときは、合併法人は、これらの資産及び負債を被合併法人の最後事業年度終了の時の帳簿価額により引継ぎをしたものとされます（法法62の2①、法令123の3①③）。

②　利益積立金額の引継ぎ

被合併法人が一般社団法人等である場合における合併法人の増加する利益積立金額は、被合併法人の適格合併の日の前日の属する事業年度終了の時の資産の帳簿価額から負債の帳簿価額を減算した金額となります（法令9二）。

つまり、適格合併の場合には、合併法人は被合併法人の利益積立金相当額を引き継ぐことになります。

③　適格合併に該当しないものとみなす規定

イ　全所得課税から収益事業課税へ

公益法人等を合併法人とし一般社団法人等を被合併法人とする合併

が行われた場合、被合併法人である一般社団法人から見ると、すべての所得が課税対象となる全所得課税から、収益事業から生じた所得が課税対象となる収益事業課税へと課税所得の範囲が変更されることになります。

収益事業課税は全所得課税と比べると限定的な課税であり、例えば、全所得課税の時に貸倒引当金の計上や圧縮記帳における特別勘定の繰入れなど課税の繰延べ措置の適用を受けていた場合、上記の合併により、これらの適用を受けることの前提となっていた将来的な課税の機会が確保できなくなることもありえます。

そのため、一般社団法人等が公益法人等に該当（移行）することとなる場合には、それ以前の課税関係を清算することとされています。具体的には、一般社団法人等は該当（移行）日の前日に解散したものとみなし、公益法人等は該当（移行）日に設立したものとみなすことにより、前後の課税関係を遮断する規定が設けられています（法法10）。

ロ　適格合併に該当しないものとみなす規定

公益法人等を合併法人とし一般社団法人等を被合併法人とする合併の場合にも、一般社団法人等が公益法人等に該当（移行）することと同様の事情が生じます。適格合併の場合には被合併法人の資産及び負債を帳簿価額で引き継ぐものの、合併前後の課税関係を遮断するために、これを適格合併に該当しないものとみなして適用する規定があります（法令14の7③）。

対象となる主な規定とその取扱いは次の図表の通りです。

【適格合併に該当しないものとみなす取扱い】

対象となる規定	適格合併に該当しないものとみなす取扱い
貸倒引当金（法法52①②）	被合併法人の最後事業年度において引当金の損金算入はできない
欠損金の繰越し（法法57②）	被合併法人の欠損金を合併法人に引き継ぐことはできない
欠損金の繰戻しによる還付（法法80④）	被合併法人の最後事業年度の末日前1年以内に終了した事業年度又は同日の属する事業年度において生じた欠損金額について、被合併法人において繰戻還付の適用を受けることができる
国庫補助金等に係る特別勘定の金額の取崩し（法令81）	被合併法人の最後事業年度において有する特別勘定の金額を取り崩して益金算入する
保険差益等に係る特別勘定の金額の取崩し（法令90）	被合併法人の最後事業年度において有する特別勘定の金額を取り崩して益金算入する
一括評価金銭債権の貸倒実績率（法令96⑥）	被合併法人の貸倒実績は貸倒実績率の計算上考慮しない等
一括償却資産の損金算入（法令133の2④）	被合併法人の最後事業年度において有する一括償却資産の残額を損金算入する
資産に係る控除対象外消費税額等の損金算入（法令139の4⑨）	被合併法人の最後事業年度において有する繰延消費税額等の残額を損金算入する

(2) 被合併法人の取扱い

①　資産及び負債の移転

一般社団法人等が適格合併により合併法人にその有する資産及び負債の移転をしたときは、その適格合併に係る被合併法人の最後事業年度終了の時の帳簿価額により移転したものとされます（法法62の2①）。

よって、合併による資産及び負債の移転損益は認識されません。

②　利益積立金額の移転

被合併法人は合併により法人格自体が消滅するため、利益積立金額の減少（消滅）規定については特に定めはありません。なお、消滅する法人の利益積立金額に関する減少規定が設けられていないことは、普通法人の場合であっても同様です。

しかし、上記(1)②の通り、適格合併の場合には、合併法人は被合併法人の利益積立金相当額を引き継ぐこととされています。

③　欠損金額の移転

被合併法人は合併により法人格自体が消滅するため、欠損金額の減少（消滅）規定については特に定めはありません。なお、消滅する法人の欠損金額に関する減少規定が設けられていないことは、普通法人の場合であっても同様です。

なお、上記(1)③ロの通り、適格合併の場合であっても、これを適格合併に該当しないものとみなして欠損金額の引継ぎ規定を適用するため（法令14の7③）、合併法人は被合併法人の欠損金額を引き継ぐことはできません。

8-6 公益法人等を合併法人とし一般社団法人等を被合併法人とする非適格合併

Q　公益法人等を合併法人とし一般社団法人等を被合併法人とする非適格合併を行う場合には、どのような課税関係になりますか。

A　公益法人等を合併法人とし一般社団法人等を被合併法人とする合併をする場合に、税制適格要件を満たしていない場合（非適格合併の場合）には、被合併法人である一般社団法人等はその資産及び負債を合併法人である公益法人等に時価で移転したものとされます。

その際、被合併法人の欠損金及び利益積立金は合併法人に引き継ぐことはできません。

解説

1 公益法人等を合併法人とし一般社団法人等を被合併法人とする合併

公益法人等を合併法人とし一般社団法人等を被合併法人とする合併、具体的には次の図表に記載した法人同士が合併する場合には、適格合併か非適格合併かにより、法人税法上の取扱いが異なります。

なお、適格・非適格にかかわらず、このような合併は、被合併法人の全て又は合併法人が資本又は出資を有しない類型の合併に該当するため、合併により合併法人の資本金等の額は増加しません（法令8①五）。

【公益法人等を合併法人とし一般社団法人等を被合併法人とする合併】

被合併法人＼合併法人	一般社団法人（非営利型）	一般財団法人（非営利型）	公益社団法人	公益財団法人
一般社団法人（営利型）	○	○	○	○
一般財団法人（営利型）	○	○	○	○

2　非適格合併の場合

(1) 合併法人の取扱い

①　資産及び負債の取得

一般社団法人等が非適格合併により合併法人にその有する資産及び負債の移転をしたときは、合併法人は、これらの資産及び負債を合併時の時価により取得したものとされます（法法62①）。

②　利益積立金額の引継ぎ不可

上記①の通り、非適格合併の場合には、合併法人は被合併法人の資産及び負債を時価により取得したことになります。これは、通常の資産譲渡などと変わらないと考えられます。よって、被合併法人の従前の課税関係が遮断されることになるため、被合併法人の利益積立金額を引き継ぐことはできません。

③　欠損金額の引継ぎ不可

②と同様に、非適格合併の場合には、合併法人は被合併法人の資産及び負債を時価により取得したことになります。これは、通常の資産譲渡などと変わらないと考えられます。よって、被合併法人の従前の課税関係が遮断されることになるため、被合併法人の欠損金額を引き継ぐことはできません。

④　その他の差額

被合併法人から資産及び負債を時価で受け入れた場合、例えば、被合併法人が資産超過の場合には、資産と負債との差額が生じます。

【合併法人におけるその他の差額】

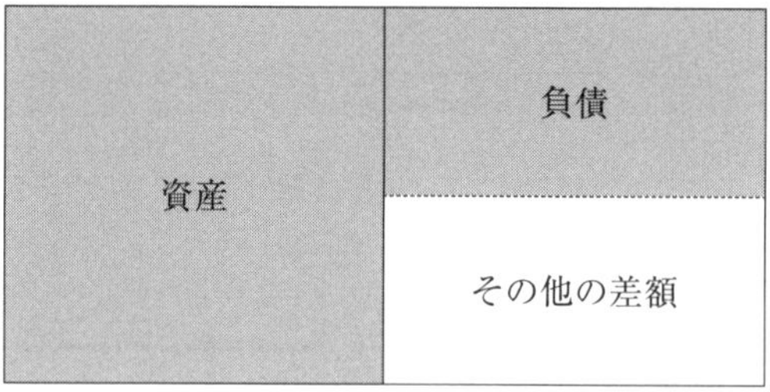

株式会社等が行う合併の場合には、被合併法人から受けた資産及び負債の対価として、合併法人はその株式等を交付するところ、公益法人等には株主がいない（持分がない）ため、これを行うことができません（又は、行う必要がありません）。

合併法人は、その他の差額について、被合併法人から財産価値のあるものを無償で譲り受けたことになるため、その部分について無償による資産の譲受け（法法22②）に該当することになると考えられます。

これについては、合併により合併法人が被合併法人から無償で資産の譲受けを受ける行為は、収益事業として特掲された34業種（法令5①）のいずれにも該当せず、継続して事業場を設けて行われるもの（法法２十三）ではないと考えられることから、合併法人が収益事業を行っていたかどうかにかかわらず、課税の対象とはならないと考えます。

(2) 被合併法人の取扱い

①　資産及び負債の譲渡

一般社団法人等が非適格合併により合併法人にその有する資産及び負債の移転をしたときは、被合併法人は、これらの資産及び負債を合併時の時価により譲渡したものとされます（法法62①）。

この場合において、これらの譲渡による譲渡損益は、被合併法人の最後事業年度の所得金額の計算上、益金の額又は損金の額に算入されます（法法62②）。

②　利益積立金額の移転不可

被合併法人は合併により法人格自体が消滅するため、利益積立金額の減少（消滅）規定については特に定めはありません。なお、消滅する法人の利益積立金額に関する減少規定が設けられていないことは、普通法人の場合であっても同様です。

③　欠損金額の移転不可

被合併法人は合併により法人格自体が消滅するため、欠損金額の減少（消滅）規定については特に定めはありません。なお、消滅する法人の欠損金額に関する減少規定が設けられていないことは、普通法人の場合であっても同様です。

④　その他の差額

合併法人へ資産及び負債を時価により移転した場合、例えば、被合併法人が資産超過の場合には、資産と負債との差額が生じます。

【被合併法人におけるその他の差額】

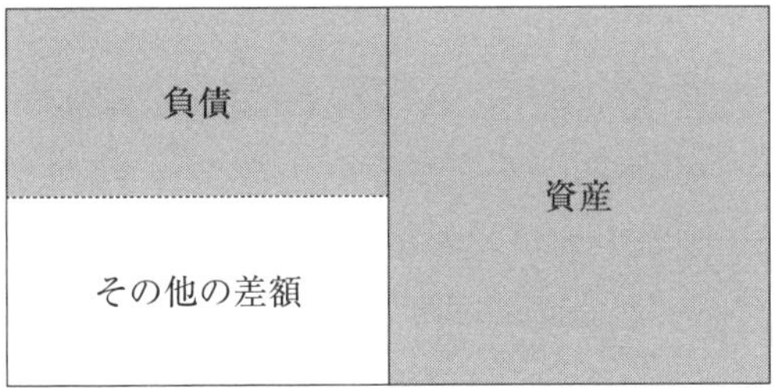

株式会社等が行う合併の場合には、被合併法人から受けた資産及び負債の対価として、合併法人はその株式等を交付するところ、公益法人等

には株主がいないため、これを行うことができません（又は、行う必要がありません）。

被合併法人は、その他の差額について、合併法人へ財産価値のあるものを無償で譲渡したことになるため、その部分について寄附金を支出したとされるおそれがあります。

これについては、被合併法人から合併法人への寄附金と構成したとしても、寄附金の損金不算入制度（法法37①）は、いったん寄附金として費用に計上されたもののうちその全部又は一部を損金不算入とするものであるため、被合併法人に新たに課税所得が生じることにはならないと考えます。

8-7 一般社団法人等を合併法人とし公益法人等を被合併法人とする適格合併

Q　一般社団法人等を合併法人とし公益法人等を被合併法人とする適格合併を行う場合には、どのような課税関係になりますか。

A　一般社団法人等を合併法人とし公益法人等を被合併法人とする合併をする場合に、税制適格要件を満たしている場合（適格合併の場合）には、被合併法人である公益法人等はその資産及び負債を合併法人である一般社団法人等に帳簿価額で移転したものとされます。

ただし、被合併法人の合併前累積所得金額又は合併前累積欠損金額は、合併法人の適格合併の日の属する事業年度の所得の金額の計算上、益金の額又は損金の額に算入されます。

解説

1 一般社団法人等を合併法人とし公益法人等を被合併法人とする合併

一般社団法人等を合併法人とし公益法人等を被合併法人とする合併、具体的には次の図表に記載した法人同士が合併する場合には、適格合併か非適格合併かにより、法人税法上の取扱いが異なります。

なお、適格・非適格にかかわらず、このような合併は、被合併法人の全て又は合併法人が資本又は出資を有しない類型の合併に該当するため、合併により合併法人の資本金等の額は増加しません（法令８①五）。

【一般社団法人等を合併法人とし公益法人等を被合併法人とする合併】

合併法人／被合併法人	一般社団法人（営利型）	一般財団法人（営利型）
一般社団法人（非営利型）	○	○
一般財団法人（非営利型）	○	○
公益社団法人	○	○
公益財団法人	○	○

2　適格合併の場合

(1)　合併法人の取扱い

①　資産及び負債の引継ぎ

公益法人等が適格合併により合併法人にその有する資産及び負債の移転をしたときは、合併法人は、これらの資産及び負債を被合併法人の最後事業年度終了の時の帳簿価額により引継ぎをしたものとされます（法法62の2①、法令123の3①③）。

②　利益積立金額の引継ぎ

被合併法人が公益法人等である場合における合併法人の増加する利益積立金額は、被合併法人の適格合併の日の前日の属する事業年度終了の時の利益積立金額に相当する金額となります（法令9二）。

つまり、適格合併の場合には、合併法人は被合併法人の利益積立金相当額を引き継ぐことになります。

③　合併前累積所得金額の益金算入又は合併前累積欠損金額の損金算入

イ　収益事業課税から全所得課税へ

一般社団法人等を合併法人とし公益法人等を被合併法人とする合併

が行われた場合、被合併法人である公益法人等から見ると、収益事業から生じた所得が課税対象となる収益事業課税から、すべての所得が課税対象となる全所得課税へと課税所得の範囲が変更されることになります。

この場合、原則として公益目的以外に特定の者に分配されないことを前提に非課税とされてきた収益事業以外の事業から生じた所得の累積額について、特定の者に分配することも可能となります。そこで、このような場合には、非課税とされていた前提が存在しなくなったとして、この時点で全所得課税が行われていたとしたならば、課税されていたであろう部分について、合併前累積所得金額として課税所得を構成するものとされています。同様の理由で、全所得課税が行われていたとしたならば欠損金額とされていた部分については、合併前累積欠損金額として課税所得から控除することとされています。

具体的には、合併法人の適格合併の日の属する事業年度において、被合併法人の合併前累積所得金額は合併法人において益金の額に算入され、被合併法人の合併前累積欠損金額は合併法人において損金の額に算入されます（法法64の4②）。

ロ　合併前累積所得金額と合併前累積欠損金額の計算

合併前累積所得金額とは、移転資産帳簿価額（適格合併により被合併法人から引継ぎを受けた資産の帳簿価額。以下同じ。）が移転負債帳簿価額等（適格合併により被合併法人から引継ぎを受けた負債の帳簿価額及び利益積立金額の合計額。以下同じ。）を超える場合におけるその超える部分の金額をいい、合併前累積欠損金額とは、移転負債帳簿価額等が移転資産帳簿価額を超える場合におけるその超える部分の金額の金額をいいます（法令131の4②）。

この移転負債帳簿価額等に含まれる利益積立金額とは、被合併法人が収益事業を行っていた場合に生じた課税済利益の留保額になります。よって、合併前累積所得金額を益金の額に算入するということは、結局、被合併法人である公益法人等が収益事業以外の事業により稼得した利益に対し、まとめて課税することになります。

【合併前累積所得金額】

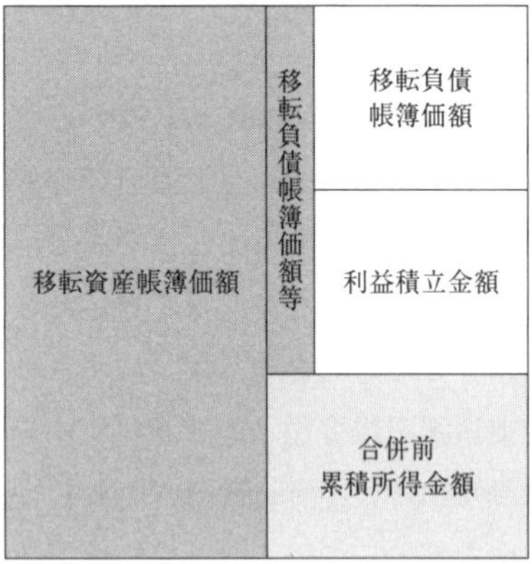

【合併前累積欠損金額】

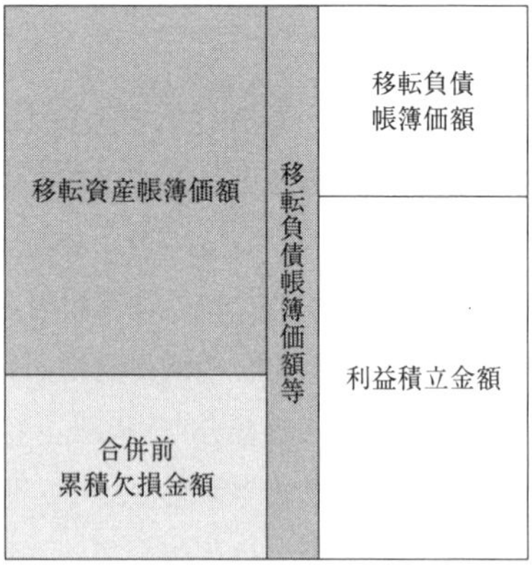

ハ　合併前累積所得金額と合併前累積欠損金額の調整計算

上記ロの適用がある場合であっても、認定法等の規定により公益目的への支出が義務付けられている場合には、その支出される金額については、使途が公益目的に限定されているため、課税対象から除外することとされています。

（イ）　被合併法人が公益社団法人又は公益財団法人である場合の調整

被合併法人の適格合併の直前の公益目的取得財産残額に相当する金額は、合併前累積所得金額から控除し、控除しきれないときは、その控除しきれない金額を合併前累積欠損金額とみなします（法令131の5①二・②）。

また、合併前累積欠損金額の計算においては、公益目的取得財産残額に相当する金額を合併前累積欠損金額に加算します（法令131の5①二・③）。

この場合において、公益目的取得財産残額に相当する額の財産の贈与に係る契約により、国等に対し金銭その他の資産の贈与をしたときは、その贈与により生じた損失の額は損金の額に算入されません（法令131の5④）。

（ロ）　被合併法人が移行法人である場合の調整

被合併法人の適格合併の直前の修正公益目的財産残額と適格合併に係る移転資産帳簿価額から移転負債帳簿価額等を控除した金額のいずれか少ない金額を、合併前累積所得金額から控除し、控除しきれないときは、その控除しきれない金額を合併前累積欠損金額とみなします（法令131の5①四・②）。

④　欠損金額の引継ぎ

法人税法上、持分のない法人同士が行う合併は、前記「**8-2**　税制適格要件」の「共同で事業を行うための合併（共同事業要件を充足した合併）」の場合に限り、税制適格要件を満たすことができます（186頁参照）。

そして、この要件を満たした適格合併の場合には、被合併法人の欠損金額の引継ぎについて、青色申告要件のほか特段の要件はないことになっています（法法57③、58①）。

よって、持分のない法人同士が適格合併する場合には、被合併法人の欠損金額、具体的には、被合併法人の適格合併の日前10年以内に開始した各事業年度において生じた欠損金額を、合併法人に引き継ぐことができます。

なお、適格合併の場合には、合併法人の有する欠損金額の利用について制限が生じる場合がありますが、これについても、「共同で事業を行うための合併（共同事業要件を充足した合併）」である場合には制限はありません（法法57④）。

(2) 被合併法人の取扱い

①　資産及び負債の移転

公益法人等が適格合併により合併法人にその有する資産及び負債の移転をしたときは、その適格合併に係る被合併法人の最後事業年度終了の時の帳簿価額により移転したものとされます（法法62の2①）。

よって、合併による資産及び負債の移転損益は認識されません。

②　利益積立金額の移転

被合併法人は合併により法人格自体が消滅するため、利益積立金額の減少（消滅）規定については特に定めはありません。なお、消滅する法人の利益積立金額に関する減少規定が設けられていないことは、普通法人の場合であっても同様です。

しかし、上記(1)②の通り、適格合併の場合には、合併法人は被合併法人の利益積立金額を引き継ぐこととされています。

③　欠損金額の移転

被合併法人は合併により法人格自体が消滅するため、欠損金額の減少（消滅）規定については特に定めはありません。なお、消滅する法人の欠損金額に関する減少規定が設けられていないことは、普通法人の場合であっても同様です。

しかし、上記(1)④の通り、適格合併の場合には、合併法人は被合併法人の欠損金額を引き継ぐこととされています。

④　その他の差額

合併法人へ資産及び負債を帳簿価額により移転し、利益積立金額を引き継がせたとしても、例えば、被合併法人が資産超過の場合には、なおその他の差額が生じます。

この金額は、合併法人においては、上記(1)③ロの、合併前累積所得金額に相当する金額となります。

【被合併法人におけるその他の差額】

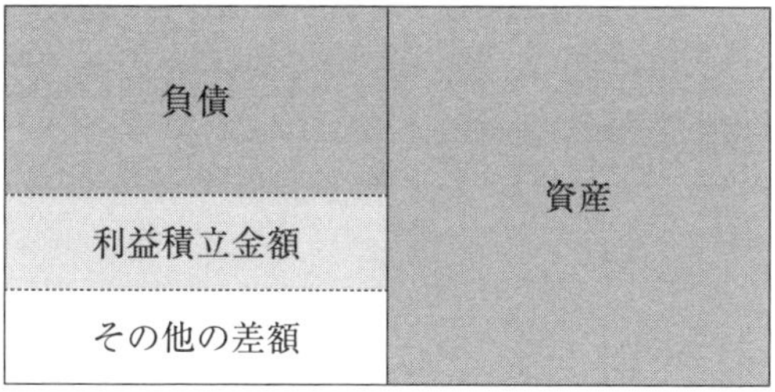

株式会社等が行う合併の場合には、被合併法人から受けた資産及び負債の対価として、合併法人はその株式等を交付するところ、一般社団法人等には株主がいない（持分がない）ため、これを行うことができません（又は、行う必要がありません）。

被合併法人は、その他の差額について、合併法人へ財産価値のあるものを無償で譲渡したことになるため、その部分について寄附金を支出したとされるおそれがあります。

これについては、被合併法人から合併法人への寄附金と構成したとしても、寄附金の損金不算入制度（法法37①）は、いったん寄附金として費用に計上されたもののうちその全部又は一部を損金不算入とするものであるため、その寄附金が収益事業の範囲のものかどうかにかかわらず、被合併法人に新たに課税所得が生じることにはならないと考えます。

8-8 一般社団法人等を合併法人とし公益法人等を被合併法人とする非適格合併

Q

一般社団法人等を合併法人とし公益法人等を被合併法人とする非適格合併を行う場合には、どのような課税関係になりますか。

A

一般社団法人等を合併法人とし公益法人等を被合併法人とする合併をする場合に、税制適格要件を満たしていない場合（非適格合併の場合）には、被合併法人である公益法人等はその資産及び負債を合併法人である一般社団法人等に時価で移転したものとされます。

その際、被合併法人の欠損金及び利益積立金は合併法人に引き継ぐことはできません。

解説

1 一般社団法人等を合併法人とし公益法人等を被合併法人とする合併

一般社団法人等を合併法人とし公益法人等を被合併法人とする合併、具体的には次の図表に記載した法人同士が合併する場合には、適格合併か非適格合併かにより、法人税法上の取扱いが異なります。

なお、適格・非適格にかかわらず、このような合併は、被合併法人の全て又は合併法人が資本又は出資を有しない類型の合併に該当するため、合併により合併法人の資本金等の額は増加しません（法令8①五）。

【一般社団法人等を合併法人とし公益法人等を被合併法人とする合併】

合併法人 被合併法人	一般社団法人 （営利型）	一般財団法人 （営利型）
一般社団法人 （非営利型）	○	○
一般財団法人 （非営利型）	○	○
公益社団法人	○	○
公益財団法人	○	○

2　非適格合併の場合

(1)　合併法人の取扱い

①　資産及び負債の取得

公益法人等が非適格合併により合併法人にその有する資産及び負債の移転をしたときは、合併法人は、これらの資産及び負債を合併時の時価により取得したものとされます（法法62①）。

②　利益積立金額の引継ぎ不可

上記①の通り、非適格合併の場合には、合併法人は被合併法人の資産及び負債を時価により取得したことになります。これは、通常の資産譲渡などと変わらないと考えられます。よって、被合併法人の従前の課税関係が遮断されることになるため、被合併法人の利益積立金額を引き継ぐことはできません。

③　欠損金額の引継ぎ不可

②と同様に、非適格合併の場合には、合併法人は被合併法人の資産及び負債を時価により取得したことになります。これは、通常の資産譲渡などと変わらないと考えられます。よって、被合併法人の従前の課税関

係が遮断されることになるため、被合併法人の欠損金額を引き継ぐことはできません。

④　その他の差額

被合併法人から資産及び負債を時価で受け入れた場合、例えば、被合併法人が資産超過の場合には、資産と負債との差額が生じます。

【合併法人におけるその他の差額】

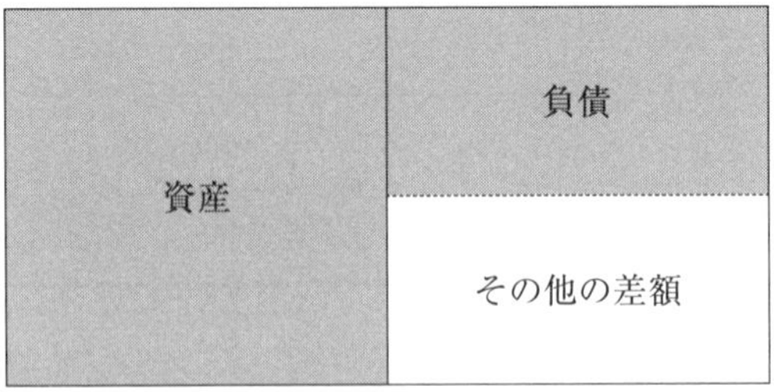

株式会社等が行う合併の場合には、被合併法人から受けた資産及び負債の対価として、合併法人はその株式等を交付するところ、一般社団法人等には株主がいない（持分がない）ため、これを行うことができません（又は、行う必要がありません）。

合併法人は、その他の差額について、被合併法人から財産価値のあるものを無償で譲り受けたことになるため、その部分について無償による資産の譲受け（法法22②）に該当することになると考えられます。

これについては、合併法人である一般社団法人等はすべての所得が課税対象となる全所得課税の対象法人であるため、合併による受贈益として課税の対象となると考えます。

(2) 被合併法人の取扱い

①　資産及び負債の譲渡

公益法人等が非適格合併により合併法人にその有する資産及び負債の移転をしたときは、被合併法人は、これらの資産及び負債を合併時の時価により譲渡したものとされます（法法62①）。

この場合において、これらの譲渡による譲渡損益は、被合併法人の最後事業年度の所得金額の計算上、益金の額又は損金の額に算入されます（法法62②）。

そして、この譲渡損益については、次の区分に応じ、それぞれ次の取扱いになると考えられます。

イ　被合併法人が収益事業を行っていた場合

被合併法人が収益事業を行っていた場合において、その性質上その収益事業に付随して行われる行為は、収益事業に該当するものとされています（法令5①）。

そして、公益法人等が収益事業に属する固定資産等を処分する行為は、収益事業に係る事業活動の一環として、又はこれに関連して行われる行為として、収益事業に付随する行為とされています（法基通15-1-6（6））。これは、収益事業に使用していた固定資産等について行われる譲渡、廃棄、除却などの処分は、事業活動の中で恒常的に行われるものであることから、その事業の付随行為とされているものです。

しかし、合併による資産及び負債の譲渡は、一般的な譲渡のように事業活動の中で恒常的に行われるものとは異なるものではないかと考えられます。

また、収益事業に属する固定資産として相当期間（おおむね10年以上）保有していたものの処分損益や、収益事業の全部又は一部の廃止に伴う固定資産の処分損益は収益事業に含めないことができることとされています（法基通15-2-10）。

なお、収益事業以外の事業に属する資産又は負債の譲渡損益については、次のロと同様の取扱いとなります。

ロ　被合併法人が収益事業を行っていなかった場合

被合併法人が収益事業を行っていない場合には、合併による資産及び負債の譲渡それ自体が、収益事業に該当するかどうかにより課税関係が決まることになります。

この点、合併による資産及び負債の譲渡は、収益事業として特掲された34業種（法令5①）に該当せず、継続して事業場を設けて行われるもの（法法2十三）ではないと考えられることから、法人税の課税対象にはならないと考えます。

②　利益積立金額の移転不可

被合併法人は合併により法人格自体が消滅するため、利益積立金額の減少（消滅）規定については特に定めはありません。なお、消滅する法人の利益積立金額に関する減少規定が設けられていないことは、普通法人の場合であっても同様です。

③　欠損金額の移転不可

被合併法人は合併により法人格自体が消滅するため、欠損金額の減少（消滅）規定については特に定めはありません。なお、消滅する法人の欠損金額に関する減少規定が設けられていないことは、普通法人の場合であっても同様です。

④　その他の差額

合併法人へ資産及び負債を時価により移転した場合、例えば、被合併法人が資産超過の場合には、資産と負債との差額が生じます。

【被合併法人におけるその他の差額】

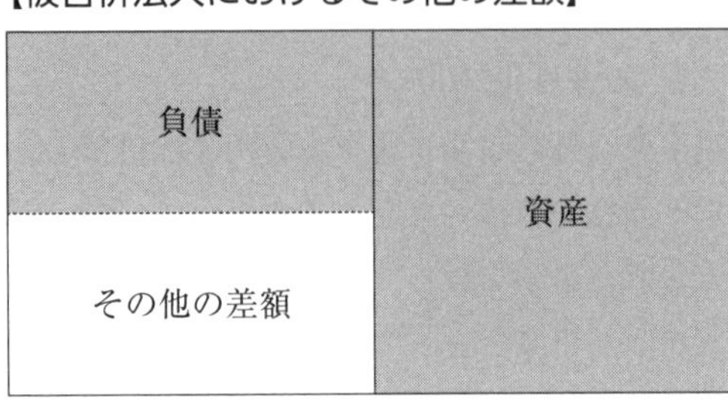

株式会社等が行う合併の場合には、被合併法人から受けた資産及び負債の対価として、合併法人はその株式等を交付するところ、一般社団法人等には株主がいないため、これを行うことができません（又は、行う必要がありません）。

被合併法人は、その他の差額について、合併法人へ財産価値のあるものを無償で譲渡したことになるため、その部分について寄附金を支出したとされるおそれがあります。

これについては、被合併法人から合併法人への寄附金と構成したとしても、寄附金の損金不算入制度（法法37①）は、いったん寄附金として費用に計上されたもののうちその全部又は一部を損金不算入とするものであるため、その寄附金が収益事業の範囲のものかどうかにかかわらず、被合併法人に新たに課税所得が生じることにはならないと考えます。

第9章

公益法人等を舞台とした裁決と判例

9-1 措置法第40条の事業供用要件（東京高裁平成26年2月12日判決）

事案の概要：

個人である納税者が財団法人に対して行った株式の寄附について、措置法第40条第1項後段の規定による譲渡所得の非課税の承認申請をしたところ、国税庁長官がこれを不承認とする処分をしたため、処分の取消しを求めた事案です。

裁判所は、株式の寄附から2年以内にされた配当金の全額が助成金として支給されていないため、その寄附株式が財団の公益事業の用に直接供されたということはできず、譲渡所得の非課税承認の要件を充足していないと判断しました。

解説

1　贈与財産が株式である場合の事業供用

公益法人等に対する財産の贈与（遺贈を含む。以下同じ）で、その贈与が教育又は科学の振興、文化の向上、社会福祉への貢献その他公益の増進に著しく寄与すること、その贈与財産がその贈与があった日から2年を経過する日までの期間内に、その公益法人等の公益目的事業の用に直接供され、又は供される見込みであることその他の一定の要件を満たすものとして国税庁長官の承認を受けたものについては、その財産の贈与がなかったものとみなされ、個人が法人に対して財産を贈与した場合に通常課される譲渡所得税が課されません（措法40①）。

この場合において、株式、著作権などのようにその財産の性質上その財産を公益目的事業の用に直接供することができないものである場合には、各年の配当金、印税収入などその財産から生ずる果実の全部が公益目的事業の用に供されるかどうかにより、公益目的事業の用に直接供されるかどうかを判定して差し支えないものとされています（措法40条通達13）。

2 本事案における事業供用割合

本事案においては、株式の配当金の全部が公益目的事業の用に供されたか否かが論点となりました。

株式の配当金の全部が公益事業の用に供されたかどうかとは、例えば、助成金を支給する事業を営む法人においては、事業経費ではなく助成金そのものとして支給されるなど、配当金の全部が直接、かつ、継続して、公益事業の用に供されるかどうかにより判定することとされています（措法40条通達13）。

原審（東京地裁平成25年9月12日判決）において認定された配当金と助成金の支給割合は次の図表の通りです。これによると配当金の全額が助成金として支給されていないため、譲渡所得を非課税とすることはできないとされました。

【配当金の収入金額と助成金の支出額】

株式の寄附日	平成19年11月19日		
同日から2年以内の期間（本件期間）	平成21年11月19日まで		
本件期間内の配当金	平成20年7月1日	①	2,500万円
	平成21年7月1日		250万円
	計	②	2,750万円
本件期間内の助成金支出		③	1,928万円
配当金に占める助成金の支出割合（③／②）			約70%
平成20年の配当金に占める助成金の支出割合※（③／①）			約77%
※　平成21年の配当から本件期間満了まで短期間のため、これを考慮したとしても約77%にとどまると判示。			

3 事業供用の形態について

(1) 株式の場合

上記の通り、贈与財産は公益法人等の公益目的事業の用に直接供され、又は供される見込みであることが必要であり、株式など財産の性質上その財産を公益目的事業の用に直接供することができないものである場合には、各年の配当金などその財産から生ずる果実の全部が公益目的事業の用に供されるかどうかにより判定することとされています。

(2) 賃貸建物の場合

なお、建物の贈与を受けた場合にその建物を賃貸し、その賃貸収入を公益目的事業の用に供する場合は、公益目的事業の用に直接供したことにはならないとされています（措法40条通達13（注）1）。

(3) コメント

上記(2)によれば、ある財産から生ずる収入をすべて公益目的事業に使用した場合であっても、財産自体を公益目的事業の用に直接供さなければ、譲渡所得税を非課税とすることができないことになります。

ところで、公益社団法人等におけるみなし寄附金の制度では、原則として、収益事業から公益事業に支出した金額が非課税となります（法令73の2①）。これは、不動産貸付業などの収益事業から生ずる利益であっても、その資金を公益目的事業に使用する場合には、その事業に充当する経費を最大化するために、前段階での課税を行わない趣旨であると思われます。このような考え方からすれば、ある財産から生ずる収益をすべて公益目的事業に使用する場合には、前段階の課税である譲渡所得税を非課税としても良いのではないかと思われます。

また、賃貸不動産そのものではなく、その有する資産が賃貸不動産により構成される法人の株式であれば、上記(1)により、この非課税措置を適用できるのだとすれば、あまりに形式的に過ぎる感じもします。

9-2 措置法第 40 条の非課税承認の取消し（東京地裁平成 15 年 2 月 13 日判決）

事案の概要：

個人である納税者が行った学校法人に対する不動産の贈与について、国税庁長官が措置法第 40 条第 1 項後段の規定に基づく譲渡所得の非課税の承認を取り消す旨の処分をしたのに対し、これを違法であると主張して、その取消しを求めた事案です。

裁判所は、贈与の時から 15 年以上の期間が経過した後であっても、贈与をした者の所得税の負担を不当に減少させ、又は贈与をした者の親族その他これらの者と特別の関係がある者の相続税若しくは贈与税の負担を不当に減少させる結果となると認められる場合には、措置法 40 条の取消しができると判断しました。

解説

1 措置法第 40 条の構成

本事案の対象となった措置法第 40 条第 1 項後段の譲渡所得税の非課税特例は、概略、次のような構成になっています。

(1) 譲渡所得税の非課税

公益法人等に対する財産の贈与等が公益の増進に著しく寄与することその他の政令で定める要件を満たすものとして国税庁長官の承認を受けたものについて、その財産の贈与等がなかったものとみなして、譲渡所得課税を行わないこととしています（措法 40 ①）。

(2) 不当減少要件の充足

そして、政令において、公益法人等に対して財産の贈与等をすることにより、その贈与者等の所得税の負担を不当に減少させ、又は贈与者等の親族その他これらの者と特別の関係がある者の相続税若しくは贈与税の負担を不当に減少させる結果とならないと認められることが、この非課税の要件（以下、この非課税とする要件を「不当減少要件」という。）となっています（措令25の17⑤三）。

(3) 非課税承認の取消し

なお、国税庁長官は、不当減少要件を充足しないと認められることとなった場合には、譲渡所得税の非課税特例を取り消すことができるとされています（措法40③）。

(4) 不当減少要件の要素

この、不当減少要件を充足するための要素の1つとして、その公益法人等に財産の贈与等をする者、その公益法人等の役員等若しくは社員又はこれらの者の親族等に対し、施設の利用、金銭の貸付け、資産の譲渡、給与の支給、役員等の選任その他財産の運用及び事業の運営に関して特別の利益を与えないこと、が求められています（措令25の17⑥二）。

2 期間制限がないこと

本事案は、いったんは措置法第40条に規定する譲渡所得の非課税の承認を受けた後、その後の学校法人の運営状況等から、贈与者の親族が学校法人から特別の利益を受けていたとして、不当減少要件を充足していないと認められ、非課税承認が取り消されたものです。

この非課税承認の取消しは、本事案のように贈与の時から15年以上の期間（当初の非課税の承認を受けてからは約11年）を経過した後であっても、所定の取消し事由が生じた場合には、期間の制限なく、これを取り消すことができるとされました。

納税者は、寄附された不動産が長期間にわたり現実に公益の用に使用されていることなどから、贈与後の期間等が考慮されるべきであるとして、承認を取り消した処分は裁量権の逸脱である等の主張を行いましたが、裁判所はこれを排斥しました。

3 不当減少要件の判定対象者

不当減少要件に抵触するかどうかの判断については、同要件の内容にある通り、贈与者自身が寄附を行った法人に何らかの影響を与えているか否かは関係ありません。本事案に関していえば、専ら不当減少要件に定める事実等の存否によって客観的に判断されました。

そのため、贈与者自身が法人から報酬その他何らの利益も得ていないことや、贈与者自身が贈与の相手方である法人の運営組織に関与し得なかった事実は問題とはなりませんでした。

本事案では、贈与者の親族がその法人から特別の利益を受けている場合には、国税庁長官が非課税特例の承認の取消処分を行うことについて、贈与者自身の状況等を考慮しなければならない理由はなく、専ら不当減少要件に定める各内容を充足しているかどうかを判断すれば足りるとされました。

9-3 措置法第70条の事業供用要件（大阪高裁平成13年11月1日判決）

事案の概要：

納税者が財団法人に対して行った相続により取得した株式の寄附について措置法第70条第1項の規定による相続税の非課税の適用を受けるべく申告したところ、税務署長がこれを認めないとする処分をしたため、処分の取消しを求めた事案です。

裁判所は、株式の寄附から2年を経過した日まで配当がなく、また、これを使用収益処分していないため、その株式は公益を目的とする事業の用に供していないとして相続税の非課税の適用を認めないと判断しました。

解説

1 相続財産を贈与した場合等の相続税の非課税

相続（遺贈を含む。以下同じ）により財産を取得した者が、その取得した財産を相続税申告書の提出期限までに公益法人その他の公益を目的とする事業を行う法人のうち、教育若しくは科学の振興、文化の向上、社会福祉への貢献その他公益の増進に著しく寄与するものとして政令で定めるものに贈与をした場合には、その贈与により贈与をした者又はその親族その他これらの者と特別の関係がある者の相続税又は贈与税の負担が不当に減少する結果となると認められる場合を除き、その贈与をした財産の価額は、その相続に係る相続税の課税対象になりません（措法70①）。

そして、贈与を受けた法人が、その贈与があった日から2年を経過した日までにその贈与により取得した財産を同日においてなおその公益を目的とする事業の用に供していない場合には、その財産の価額は、その相続に係る相続税の課税対象になるとされています（措法70②）。

2 本事案における事業供用

本事案においては、相続人は相続により取得した株式を財団法人に寄附しています。相続人は、財団法人の基本財産に組み入れることを指定して寄附を行っているところ、財団法人は、寄附から2年を経過した日までその株式からの配当を受け取っていませんでした。また、財団法人は、これを換金等して公益目的事業の資金に充てる等のことも行いませんでした。

相続人は、株式のような財産については、財団法人の基本財産に組み入れられ、資産が増加し充実したこと自体が事業供用に当たるため、寄附により実現することとなる贈与の対象となった財産の完全な支配の移転により事業供用要件を充たすとすべきであると主張しました。

しかし、裁判所は、財団法人は相続人から株式の寄附を受けたことは認定しましたが、その後2年を経過した日まで株式について配当を受けたことがないほか、これを使用収益処分したことがないものと認められるため、財団法人がその贈与により取得した財産を贈与があった日から2年を経過した日までにおいてなお公益を目的とする事業の用に供していないと認定して、贈与した株式の価額は相続税の課税価格の計算の基礎に算入するべきであると判断しました。

3 第三者の行為により課税関係が左右されることの適否

原審（京都地裁平成12年11月17日判決）では、贈与を受けた法人が、その贈与があった日から2年を経過した日までにその贈与により取得した財産を公益目的事業の用に供していない場合には、その財産は相続税の対象となるところ、公益目的事業に供するかどうかは贈与を受けた法人が行うものであるため、贈与の対象となった財産の完全な支配の移転により事業供用要件を充たすとしなければ、その法人内部の事情により、後発的な課税要件の変更事由の発生の有無が決することになるため明らかに不合理であると判断しました。

しかし、高裁では、これを不合理ではないと、次の通り判示しています。

「すなわち、相続税法は相続又は遺贈により取得した財産の全部に対し相続税を課するのを原則としており、相続により取得した財産をその後どのように処分しようとも、これに相続税が課される。

しかし、贈与の相手方が措置法第70条第１項所定の法人であるなどの場合は、相続税が非課税とされており、この非課税とされる要件自体が、相続により財産を取得した者からいえば、第三者である法人の事情にかかるのである。したがって、措置法第70条第２項は、非課税とすべき理由のなくなった法人側の事情によって課税すると規定しているが、このように第三者の行為によって課税関係が左右される規定は措置法においても他にみられ（例えば、措置法第40条第１項後段）、なんら不合理、不当とすべきものではない」

9-4 非営利型法人に該当しないとされた事例（国税不服審判所 令和元年５月７日裁決）

事案の概要：

本事案は、一般社団法人である審査請求人（以下「請求人」という。）が、非営利型法人に該当することを前提として収益事業から生じた所得についてのみ法人税等の確定申告を行ったところ、原処分庁から、請求人は法人税法上の普通法人に該当するから、全所得が課税の対象となるなどとして、法人税等の更正処分等を受けたため、請求人は法人税法上の非営利型法人に該当するなどと主張し、処分の一部の取消しを求めた事案です。

審判所は、請求人が行った共済掛金の負担、敬老祝金の交付、温泉旅館等の宿泊利用券の交付は、「特定の個人に特別の利益を与えること」に該当し、請求人はそれを行うことを決定し、又は行ったと認められるから、非営利型法人の要件を満たしておらず、普通法人に該当すると裁決しました。

解 説

1 非営利型法人

一般社団法人等のうち、非営利型法人は、法人税法上、公益法人等とされ、全所得課税ではなく収益事業課税とされています。

このうち、非営利徹底型法人とは、「その行う事業により利益を得ること又はその得た利益を分配することを目的としない法人であってその事業を運営するための組織が適正であるものとして政令で定めるもの」（法法２九の二イ）とした上で、政令において各要件が定められており、そのうち本事案に関係する非営利徹底型法人の要件として、概要、次の通り規定されています。

①　その定款に剰余金の分配を行わない旨の定めがあること。

②　その定款に解散したときはその残余財産が国若しくは地方公共団体又は次に掲げる法人に帰属する旨の定めがあること。

イ　公益社団法人又は公益財団法人

ロ　公益社団法人及び公益財団法人の認定等に関する法律第５条第17号イからトまでに掲げる法人

③　上記①及び②の定款の定めに反する行為（剰余金の分配又は残余財産の分配若しくは引渡し以外の方法により特定の個人又は団体に特別の利益を与えることを含む。）を行うことを決定し、又は行ったことがないこと。

なお、法人税基本通達1-1-8《非営利型法人における特別の利益の意義》において、上記に規定する「特別の利益を与えること」とは、例えば、法人が特定の個人又は団体に対し、その所有する土地、建物その他の資産を無償又は通常よりも低い賃貸料で貸し付けていることなどの経済的利益の供与又は金銭その他の資産の交付で、社会通念上不相当なものをいう、と定めています。

2　非営利型法人か普通法人か

本事案にはいくつかの論点がありますが、ここで検討するのは請求人が非営利型法人に該当するかどうかという問題です。具体的には、請求人はその会員等に対し、共済掛金の負担、敬老祝金の交付、温泉旅館等の宿泊利用券の交付を行っているところ、それらが「特定の個人に特別の利益を与えること」に該当し、請求人は非営利型法人には該当しないことになるかどうかです。

これらに関する請求人の主張と審判所の判断は次の図表の通りです。

【請求人の主張と審判所の判断】

項目	概要	請求人の主張	審判所の判断
共済掛金の負担	会員及びその家族（支出を受けることを希望しない者など一部の者を除く。）が所有する家財に対する建物更生共済掛金（一人当たり約20,500円。満期共済金あり。）の負担	共済契約者である会員等は、請求人に、被共済者が共済金を請求しない旨及び満期共済金を請求人が受領することに異議はない旨の念書を差し入れており、また、共済掛金の額も、給与課税が行われない、あるいは寄附金とされない程度のものである。 したがって、会員等に帰属する経済的利益はなく「特別の利益」もない。	共済掛金の負担は、本来であれば家財を所有する者等が負担すべき共済掛金を請求人が代わりに負担することによって経済的利益を供与するものと認められる。そして、このような経済的利益の供与の対象及び態様並びに供与される金額等に照らすと、共済掛金の負担は、社会通念上相当なものとは認められず、「特別の利益」を与えるものと認められる。
敬老祝金の交付	在住する70歳以上の者のうち、会員等に対して毎年３万円の交付	敬老祝金は、長年にわたり郷土の振興のために尽くした労をねぎらうために交付するものであるから、一般に対象年齢に達したことを根拠に支給される地方公共団体の敬老祝金とは趣旨が異なる。 また、請求人と同程度の敬老祝金を毎年支給している一般社団法人も存在する。	敬老祝金の交付は、毎年３万円の金銭を直接交付するというもので、金銭その他の資産の交付をするものと認められる。そして、このような金銭その他の資産の交付の対象及び態様並びに交付される金額等に照らすと、敬老祝金の交付は、社会通念上相当なものとは認められず、「特

		したがって、敬老祝金に係る経済的利益は、社会通念上不相当なものとはいえず、「特別の利益」には該当しない。	別の利益」を与えるものと認められる。
温泉旅館等の宿泊利用券の交付	会員の各世帯に対して、年5枚（1枚当たり9,000円）の交付	本件利用券は住民の置かれた騒音等による過酷な生活環境に鑑み、精神の安定を保つことを目的として交付しているものである。このような事情を踏まえれば、利用券に係る経済的利益は、政策的に強いて課税しなくても課税上の弊害はなく、「特別の利益」には該当しない。	利用券の利用に基づく負担は、本来であれば、各温泉旅館等を利用した者等が負担すべき利用料を請求人が代わりに負担することによって、経済的利益を供与するものと認められる。そして、このような経済的利益の供与の対象及び態様並びに供与される金額等に照らすと、利用券の利用に基づく負担は、社会通念上相当なものとは認められず、「特別の利益」を与えるものと認められる。

3 コメント

(1) 経済的利益の額

上記図表の通り、共済掛金の負担、敬老祝金の交付及び温泉旅館等の宿泊利用券の交付が「特別の利益」とされました。これらの3つの利益を同一の者が受けていたとした場合、その額は最大で年95,500円(注)になります。

（注）　共済掛金の負担（20,500円）、敬老祝金の交付（30,000円）及び温泉旅館等の宿泊利用券の交付（9,000円×５枚）

なお、法人税基本通達1-1-8の逐条解説によれば、「特別の利益」に当たるかどうかは社会通念上不相当なものであるかどうかにより判断する必要があるとされ、「特定の個人に対して給与課税が行われない、あるいは寄附金とされない程度のものであれば、社会通念上不相当なものとは言えず、特別の利益には当たらないこととなる。」と解説されています（『法人税基本通達逐条解説（十訂版）』（税務研究会出版局）11頁）。

給与所得者の所得で給与所得以外の所得が年20万円以下の場合には、原則として確定申告が不要とされていることからしても（所法121①）、本事案のように、会員等が受けた最大で年95,500円の利益が「特別の」利益とされ、これらを与えた法人が非営利型法人には該当しないとされたことには違和感があります。

(2) 経済的利益を減殺するもの

さらに、裁決文によれば、会員等は共済契約について、会員等が共済金を請求しない旨及び満期共済金を請求人が受領することに異議はない旨の念書を差し入れていたとのことです。このような仕組みとした理由は不明ですが、共済金の未請求が満期共済金の額に影響を及ぼすことも理由の１つかも知れません。

以上からすれば、会員等が何らかの利益を受けたということは困難なのではないかと考えます。また、仮に会員等が共済掛金に係る利益を受けていたと整理したとしても、会員等には念書の差入による共済金の未請求義務や満期共済金の未受領義務等の、利益を減殺する債務が観念できるように思えます。その場合、これらは共済掛金に係る利益を減少させる要素になるはずです。

審判所は、「念書の有効性について判断するまでもなく」、会員等に経済的利益が生じているとしていますが、当該念書の有効性を確認することは、「特別の利益」に該当するかどうかに当たって考慮されるべきものではないかと考えます。

9-5 一般社団法人の源泉所得課税（鹿児島地裁令和２年６月10日判決）

事案の概要：

本事案は、非営利型の一般財団法人である原告が、法人税の申告に当たり、収益事業以外の事業に属する資産から生じた利子及び配当等について源泉徴収された所得税額に相当する金額の還付を求める更正の請求をしたところ、税務署長から更正をすべき理由がない旨の通知処分を受けたことから、非営利型法人である原告の利子及び配当等については非課税とされるべきであるなどとして、通知処分の取消しを求めた事案です。

裁判所は、法人税申告に当たり所得税額を控除しなかったことに法律の解釈適用の誤りや計算過程の誤りは認められないから、更正の請求に理由がないとした通知処分は適法であると判断しました。

解説

1　公益法人の法人税課税と源泉徴収制度

いわゆる公益法人の法人税課税と源泉所得税の仕組みは、次の図表の通りです。

【公益法人の法人税課税と源泉所得税】

	公益社団法人等		非営利型法人		一般社団法人等
	非収益事業	収益事業	非収益事業	収益事業	全所得
法人税の納税義務	なし	あり	なし	あり	あり
所得税の源泉徴収	なし	なし	あり	あり	あり
所得税額控除又は還付	なし	なし	なし	あり	あり

※ 太枠は本事案の対象となった課税関係。

本事案は、非営利型法人の非収益事業において生じた利子及び配当等について、公益社団法人等と同様に源泉徴収を行わないこととするか、若しくは源泉徴収された所得税額について還付すべきであるとして訴えましたが、棄却されたものです。

本事案に関係する所得税法及び法人税法の関連規定は次の通りです。

(1) 所得税の非課税

公益社団法人等(注１)が支払を受ける利子及び配当等については、所得税が課されません（所法11①)。つまり、源泉徴収されません。

（注１） 公益社団法人等とは、公益社団法人と公益財団法人のことをいいます。

(2) 非収益事業の法人税の非課税

公益法人等(注２)又は人格のない社団等の各事業年度の所得のうち収益事業から生じた所得以外の所得については、法人税が課されません（法法６)。

（注２） 公益法人等とは、法人税法別表第二に掲げる法人をいい、公益社団法人等のほか非営利型法人である一般社団法人等を含みます。

(3) 所得税額控除の不適用

所得税額控除の規定は、公益法人等又は人格のない社団等が支払を受ける利子及び配当等で、収益事業以外の事業又はこれに属する資産から生ずるものにつき課される所得税の額については適用されません（法法68②)。また、還付もできません（法法78①)。

2 コメント

上記の通り、非営利型法人の非収益事業において生じた利子及び配当等について源泉徴収された所得税について所得税額控除又は還付ができないことは、法令規定から明らかです。

しかし、所得税の源泉徴収は、税金の徴収確保の見地から設けられた制度であり、普通法人が課される源泉所得税は所得税額控除により法人税額から控除（控除しきれない場合は還付）できることからすると、非営利型法人の非収益事業において生じた利子及び配当等について、これと同様の規定が設けられていないことは不合理な感じがします（金子宏著『租税法〔第24版〕』弘文堂205頁）。

例えば、非営利型法人が行う収益事業及び非収益事業がともに損益ゼロの場合に、収益事業において課された源泉所得税は還付される一方、非収益事業において課された源泉所得税は還付されないことについて、適切な説明は困難なのではないでしょうか。

また、生命保険年金の相続税と所得税の二重課税を取り消した最高裁判決（最高裁平成22年7月6日判決）において、所得税の課税対象とならない年金、すなわち所得が生じていない年金について源泉徴収された所得税について、確定申告において（他の所得に係る税額から）控除し又は還付することが許されるとした判断がなされています。

これは、所得のないところには所得税は課されないということとともに、源泉所得税は独立した税ではなく、やはり所得税の前取りであることを意味する判断に基づくものだと思います。そうであれば、法人に課される源泉所得税についても、税金の徴収確保のために同じく所得課税である法人税を前取りする趣旨により設けられた仕組みである限り、非営利型法人の非収益事業において生じた利子及び配当等について源泉徴収された所得税について所得税額控除又は還付を認めるべきではないかと考えます。

9-6 ペット葬祭業と収益事業（最高裁平成20年9月12日判決）

事案の概要：

本事案は、宗教法人である納税者が、死亡したペット（愛がん動物）の飼い主から依頼を受けて葬儀、供養等を行う事業に関して金員を受け取ったことについて、課税庁から、これらの事業（以下「本件ペット葬祭業」という。）は法人税法に規定する収益事業に当たるとして、法人税等の決定処分を受けたため、その取消しを求めたものです。

最高裁は、宗教法人の行う事業に対価性があるか、それとも喜捨等の性格を有するものか、また、宗教法人以外の法人が一般的に行う事業と競合するものか否か等の観点を踏まえた上で、事業の目的、内容、態様等の諸事情を社会通念に照らして総合的に検討して判断するのが相当であるとしました。

そして、本件ペット葬祭業は、その目的、内容、料金の定め方、周知方法等の諸点において、宗教法人以外の法人が一般的に行う同種の事業と基本的に異なるものではなく、これらの事業と競合するものであり、宗教上の儀式の形式により葬祭を執り行っていることを考慮しても、本件ペット葬祭業は収益事業に該当するとしました。

解説

1 収益事業へのあてはめ

最高裁は、上記の通り、本件ペット葬祭業は一般法人が行う事業と競合するものであり、また、喜捨等ではなく対価性のある金員を取得して事業を行っているため、法人税法上の収益事業に該当すると判断しました。

なお、個別の行為の収益事業へのあてはめについては、第１審（名古屋地裁平成17年3月24日判決）で具体的に判示されており、そこでは本件ペット葬祭業は次の各収益事業に該当するとされました。

【ペット葬祭業の収益事業のあてはめ】

	行為の形態	収益事業	根拠法令
①	葬祭（葬儀・火葬）	請負業	法令5①十
②	法要	収益事業の付随事業	法令5①かっこ書き
③	遺骨処理とその管理（納骨堂、墓地管理）	倉庫業及び請負業	法令5①九・十
④	オプションとなる物品販売（塔婆、プレート、骨壺、袋、位牌、石版、墓石）	物品販売業	法令5①一
⑤	ペットの死体引取り	収益事業の付随事業	法令5①かっこ書き

2　法人税法上の収益事業

法人税法に定める収益事業とは、販売業、製造業その他の政令で定める事業で、継続して事業場を設けて行われるものをいい（法法2十三）、政令において物品販売業など34業種が特掲され、これらにはその付随事業を含むとされています（法令5①、64頁参照）。

34業種には様々な事業が挙げられていますが、最高裁によれば、これらを収益「事業」とする前提として、これらの事業に対価性があるかどうかがまず問題となります。そして、対価性があれば一般法人が行う事業と競合するということができるため、対価性を有する事業は収益事業に該当し得る事業であるということになります。そして、その事業の態様が先の34業種に合致するのであれば、法人税法上の収益事業に該当するということになるのだと思われます。

なお、法人税法第22条第2項の「無償による資産の譲渡又は役務の提供」は、法人税法上は益金の額となるとされてはいるものの、最高裁によれば、収益事業かどうかを判断するに際しては、これらの行為に対価性がないため、「事業」としては考慮しなくてよいということになると思われます。

3 コメント

本事案は、ペットに対する読経等の供養を宗教行為とする大乗仏教の末寺に対する課税処分であったため、上記最高裁の判決は、ペット愛好家を中心に少なからぬ驚きをもって受け止められました。

(1) 宗教行為と収益事業

そもそも、宗教法人が行う宗教行為は当然に非収益事業であるはずだという先入観があります。また、そのような理解を前提とする通達もあります(注1)。しかし、法令上、宗教行為を先の34業種から除外する旨の規定はありません。

つまり、たとえそれが宗教法人が行う宗教行為であったとしても、一般法人が行う事業と競合するものであり、また、対価性のある事業であれば、収益事業課税がなされ得るということになるのだと思われます(注2)。

（注１）「宗教法人が神前結婚、仏前結婚等の挙式を行う行為で本来の宗教活動の一部と認められるものは収益事業に該当しないが、挙式後の披露宴における飲食物の提供、挙式のための衣装その他の物品の貸付け、記念写真の撮影及びこれらの行為のあっせん並びにこれらの用に供するための不動産貸付け及び席貸しの事業は、収益事業に該当することに留意する。法人税基本通達15-1-72（神前結婚等の場合の収益事業の判定）」（下線部筆者）

（注２）　本事案の控訴審（名古屋高裁平成18年３月７日判決）では、「宗教行為であるか否かによって、直ちに当該行為の収益事業該当性が左右されるものでもなく」と判示しています。

(2) 喜捨等の性格を有するか

宗教法人が行う人間の葬祭が収益事業に該当しないことには議論の余

地がありません。故人の遺族が葬祭を行った宗教法人にお金を支払うことは対価ではなく喜捨等の性格を有するため、請負業などの外観を呈していたとしても、収益事業には該当しないということだと思われます。

では、ペットに関しても同様に考えるべきでしょうか。

例えば、宗教上の儀式としてペット葬祭を行い、料金（喜捨）の定め方等は人間の葬祭の場合のようにある程度の幅やあいまいさをもったもの、具体的には、経済力のある人（若しくは著名人）からは多めの料金（喜捨）を、経済力のない人からは無理のない程度の料金（喜捨）を受け取った場合、収益事業に該当しないことになるのでしょうか。

索　引（五十音順）

〈著者紹介〉

榑林　一典（くればやし　かずのり）：第８章・第９章担当
OAG 税理士法人　税理士

1965 年山梨県生まれ。早稲田大学教育学部、半導体商社勤務を経て、現在、OAG 税理士法人マネジメント・ソリューション部部長。
専門誌への寄稿や講演活動のほか、経済産業省「新たな組織法制と税制の検討会」委員、「事業再生研究機構」理事、「全国事業再生・事業承継税理士ネットワーク」幹事などの委員を務める。
著書に、『組織再編税制との比較でわかるグループ通算制度の基本』『ゼロからわかる事業再生 60 問 60 答』（共著）『ゼロからわかる事業承継・M&A 90 問 90 答』（共著）（以上、税務研究会出版局）、『事業再生における税務・会計 Q&A』（共著：商事法務）などがある。

荻野　美里（おぎの　みさと）：第３章・第６章・第７章担当
OAG 税理士法人　税理士

1983 年群馬県生まれ。実践女子大学生活環境学科、青山学院大学大学院法学研究科、EY 税理士法人を経て、現在、OAG 税理士法人マネジメント・ソリューション部シニアマネージャー。
公益法人の設立・運営等に関するコンサルティング業務を中心に、事業承継や資産承継に関するコンサルティングにも従事。

東海林　美智子（とうかいりん　みちこ）：第２章・第４章・第５章担当
OAG 税理士法人　公認会計士・税理士

1988 年山形県生まれ。津田塾大学学芸学部情報科学科、EY 新日本有限責任監査法人を経て、現在、OAG 税理士法人マネジメント・ソリューション部所属。

青柳　裕子（あおやぎ　ゆうこ）：第 1 章担当
OAG 税理士法人　コンサルタント
1989 年東京都生まれ。OAG 税理士法人マネジメント・ソリューション部所属。中央大学総合政策学部政策科学科卒。

本書の内容に関するご質問は、税務研究会ホームページのお問い合わせフォーム（https://www.zeiken.co.jp/contact/request/）よりお願い致します。なお、個別のご相談は受け付けておりません。

本書刊行後に追加・修正事項がある場合は、随時、当社のホームページ（https://www.zeiken.co.jp/）にてお知らせ致します。

非課税規定からみる公益法人等の税務

令和５年４月10日　初版第一刷印刷
令和５年４月20日　初版第一刷発行

© 著者　樽林一典
荻野美里
東海林美智子
青柳裕子

発行所　税務研究会出版局
週刊「税務通信」「経営財務」発行所
代表者　山根　毅
郵便番号100-0005
東京都千代田区丸の内1-8-2 鉄鋼ビルディング
https://www.zeiken.co.jp

印刷・製本　日本ハイコム株式会社

ISBN 978-4-7931-2745-8